女性主義科技研究
與 STS 的一段關鍵歷史

介入與回應

傅大為 著

目次 *Contents*

人文新猷叢書總序

中央研究院／中國文哲研究所所長

黃冠閔

本叢書的構想乃源自國科會人文處（原「科技部人文司」）規劃推動案「台灣人文社會的價值基礎：多元性與價值衝突的反思與研究」研究計畫，自 2019 年 9 月 1 日起為期三年，由於執行期間遭遇全球性的重大疫情新冠肺炎流行，也因此延後一年結案。部分計畫成果規劃以出版形式發表，因此，有此叢書的策劃。此叢書「人文新猷」之命名蒙中央研究院鄭毓瑜院士惠賜，標示出人文研究在進入 21 世紀後面對世界重大變革所必須有的轉型與展望。鄭院士擔任科技部人文司司長時即規劃此案，此乃鑑於人文學者必須與時俱進，以厚積學識貢獻於世界，並針對價值問題適時發言。因此，計畫構想便從價值基礎角度切入，面對台灣及世界中的各種價值衝突經驗，以檢視多元性的社會組成及

互動為基本原則而展開。

　　人文思想並非單純的描述經驗，同樣也關注經驗中可引為楷模的規範性，具有價值奠基的意義。因此，本計畫根植於台灣在世界中的具體生存處境，以台灣為發言位置，關注自身及周遭的互動，從人文價值作為國家戰略的高度來檢視社會與文化的多元層次，珍視民主經驗的實驗創新，更新傳統而面對未來，思索這些獨特經驗如何對於我們具體生活所在的世界有所貢獻。

　　概括地說，本計畫的主旨是：（一）危機與福祉：以人類共同生活的福祉為前提，根據台灣與世界的互動中所凝聚的具體思想、文化、知識創造、社會實踐經驗，回應人類生活的危機與希望；（二）對話與理解：正視當代社會中科學技術創新的脈動，以對話、回應、診斷的多重角度來提取現代多元化社會中人類生活的自我理解；（三）批判與創新：闡發人文價值，批判地連結傳統資源以轉化出新詮釋，面對新問題及新變局，創造新觀點，以樹立人文科學的研究意義。

　　在計畫主旨的目標下，本計畫的執行是根據人文領域的多元性，邀請跨領域、跨學科的學者專家

參與，以價值的衝突、多元性、規範性為引導線索，檢視既有的研究成果，並鼓勵學者提煉核心概念，提供一些指引性的思考經驗、乃至於建構具獨特觀點的理論論述，期望為人文領域的研究創新貢獻力量。本「人文新猷」叢書便是作為計畫成果的發表。

呼應於計畫的主軸，本叢書規劃出版具標竿性質的一系列專書，內容既帶有研究者的回顧視野，也帶有對未來的指引。撰稿作者為專長領域長期耕耘的研究學者，熟稔於其專長的議題領域，也對既有研究的背景相當了解，有其解讀的圖景。但叢書設想的潛在讀者是在狹窄專業以外的一般讀者，邀請更廣大的讀者群建構一個公民的知識體，因此，本叢書邀稿時，便設定為較短篇幅，精要地剖析核心概念、陳述學理、概括分析經驗。此一設定是希望作者長期累積的學識能夠接觸到跨領域的讀者，藉著小書勾勒出人文研究的部分樣本，在結集成書、成為一系列時，產生相互觀摩的效果。故而，此叢書的書寫方式避開大部頭的系統完整性，既不同於期刊學術論文的詳注細推，也不是如教科書般的充分介紹，而是精挑一個焦點，以作者長期累積

的研究經驗勾勒出特定的核心概念。通盤地看整套叢書，由於不同學者的學科專長和關心的角度差異，會有不同的涵蓋層面交疊，雖然必定不是完整涵蓋，但也有焦點精華的呈現，在整體的跨領域面貌下，則可以反映出每一個世代的智慧結晶，標示出每一個世代的特殊關心處，能夠對於後來繼起的世代有醒目可辨認的效果。

　　不論是作為國科會規劃推動案或是本叢書的企劃，短時間的成果乃是拋磚引玉。在初期的執行上採取邀稿方式進行，但未來希望有更多的主動書寫出版。真正目的是希望人文學者更勇於進行社會溝通，提出對於我們身處的世界、時代、社會文化條件的批判，導向細緻多元的理解，展示人文研究的豐富意義。

緣起與感謝

傅大為

　　從當初開始經營這個議題，是用一篇論文的方式來撰寫，中間幾經波折，後來終於以一本小書的方式出版，這個過程，前後可有三年以上，書雖然小，但時間卻不短。在回顧緣起中，有些感慨，也當然有更多的感謝。

　　2019 年我在台大出版中心出版了《STS 的緣起與多重建構》（後簡稱 STS 一書），一本不算小的專書，後來在學生與朋友的閱讀與評論過程中，有一個聲音開始出現了。為何此書都沒有談及性別議題？對於一個曾深入研究性別與科學、性別與醫療議題的人而言，這是一個既令我驚訝又感謝的問題。當初在撰寫與修改 STS 一書的漫長過程裡，我浸淫在 STS 前半生的大海中，載浮載沉，不知不覺中，也被過去很少關心性別議題的 STS 論述所牽絆，所以到最後成書，性別議題缺席了。

　　驚訝之餘,於是我從 2019 年就動手開始經營本書的主題。雖然我過去的清華時期,都曾開授過與女性主義科技研究(FSS)密切相關的研究課程,但從 STS 一書如何順利分叉出本書的議題,並不容易。繼而,我要寫 FSS 如何介入與質疑 STS,還有過去 STS 為何又很少去回應 FSS 的基本問題,不可避免的也會對 FSS(例如對哈洛威)提問,也會嘗試解釋為何 STS 過去幾乎忽視了 FSS 的重要論點與介入,這個角度,可能就會讓國內某幾位推崇 FSS 大師的朋友質疑我的角度,挑我研究問題的毛病,所以有了前面我說的波折。

　　但也是因為這類的刺激,讓我更能看到 STS 與 FSS 互動、介入與回應的政治與深度,於是我決定把原來的論文擴大發展成一本小書,徹底地來處理我過去的驚訝與缺席。剛巧這個時候,中研院文哲所的黃冠閔教授透過他們「台灣人文社會價值的基礎」計畫,邀請我來寫一本小書,這個書寫計畫於焉成形。在書寫本書的的研究過程中,因為資料牽涉廣泛,我也尋求國內外幾位 FSS 相關朋友的協助,如王秀雲、蔡麗玲,還有國外如 Sandra Harding, Nelly Oudshoorn 等朋友的幫忙,在此首先

要特別感謝她們。

待小書初稿成形時，文哲所計畫希望我能夠對此初稿作幾場內部演講，並找幾位朋友來提意見，結果兩場演講的討論過程很熱烈。在我邀請的一些朋友中，有幾位的意見與評論，讓我的修改初稿相當受益，我也藉此機會在這裡提一下他／她們的名字：洪廣冀、張君玫、王秀雲、簡妤儒、簡美玲、蔡友月、黃郁茜、馮品佳、最後還有張小虹。

是張小虹在對初稿的評論裡，特別問到這本小書與我之前 STS 一書的關係：為何我的書寫計畫只是一本小書，讓人感到它似乎只是 STS 一書的「番外篇」，而沒有努力到一本足可與我 STS 一書份量相當的大書。聽了這個令我驚訝的問題，當時我只能回答，與 STS 一書相當的大書，如某種「FSS 的緣起與建構」，或許應該等待國內 FSS 女性主義者社群的力道更強時，才能做出符合期待的研究吧。我承認我的能力不足，故目前這本小書，只能強調在 FSS 對 STS 的介入、還有 STS 可能的回應。所以，目前這本小書，或許就當作我 STS 一書的姊妹篇吧。同時，透過她的評論、還有文哲所計畫方向的建議，這本小書也增添了第一章，我

嘗試寫了一點 FSS 在台灣 30 年的發展大略，還有我個人的回顧、反芻與實踐，希望如此可以更增強了此書議題在當代台灣社會文化脈絡中的意涵。

完成這本《介入與回應》，讓我對女性主義科技研究有了更深的理解，也重溫了過去我在性別研究領域的工作與努力。十五年前我從清華大學歷史所轉到今天的陽明交通大學 STS 研究所工作，因為要集中研究與推廣新興的 STS，當年的我就稍微放下了性別研究的工作。但今天我很高興又有這個機會，重拾性別研究，但卻在另一個層次，以 FSS 與 STS 互動與交流的方式來拾起。所以，這也是對我在 21 世紀以來蜿蜒心路歷程的一個再思考與新發展。

最後，要感謝這本小書的兩位匿名評審，對此書的文稿提出很多好意見，包括如何讓此書能有最恰當格式來呈現給一般讀者。也要感謝黃冠閔與時報文化出版公司的商議，讓此小書能夠以「人文社會價值」系列的方式在時報文化中出版。同時，還要感謝瑞琪在本書不算平順的書寫過程中的關心與支持。

2022/8/20 於淡水天空之家

前言

　　女性主義研究所關切的議題十分廣泛,一般而言,它與 STS(Science and Technology Studies)集中於科技研究──從人文社會幾個重要的角度來研究科技議題,是頗有距離的。但是,女性主義從七〇、八〇年代開始,就有一支常被稱為女性主義科技研究(feminist science studies)、或說性別與科學(gender and science)的研究傳統,其中佼佼者如 Sandra Harding, Donna Haraway, Evelyn Keller, Emily Martin, Ruth Cowan, Susan Leigh Star, Nelly Oudshoorn 等,很值得注意。而在這個小傳統中,哈洛威(Donna Haraway)近年來似乎有了幾乎全球性的高人氣,包括台灣。雖然她過去曾對 STS 有些深入的探討,但卻一直與 STS 人的交流不多,她們的成果一直不被 STS 重視,直到 21 世紀哈洛威還有幾位其他成員在 STS 的得獎錄中受到高度肯定為止。女性主義科技研究,本書統一簡稱

FSS，它有好幾種類似的稱謂（如 feminist science studies, feminist STS, gender and science, feminist perspective on science studies, feminist technoscience studies, etc.），但也沒有定型，它並不讓自己凝固成一個學門或是女性主義的一個學門分支，似乎也沒有特定的學會或機關刊物，反而是一個網絡，一個有歷史傳承、與許多鄰近的其他社群有活躍互動發展的研究網絡，它以舉辦各種學術會議、出版 FSS 專書、在一些女性主義期刊中發表 FSS 專輯或 FSS 論文集等方式，來展示這個網絡的能量。所以，相對於一個發展更早、網絡更大、且包含著一個學會與數個期刊的 STS 社群，FSS 與 STS 的知性與社群關係為何，就是本書的一個大背景。

在此大背景之下，本書的問題性為何？雖然女性主義科技研究 FSS 在歐美發展已達半世紀以上，因為與 STS（科技與社會研究）的研究對象一直頗有些重疊，所以年輕的 FSS 從八、九〇年代以來就對更為資深、學術社群較大的 STS 做過許多的評論、質疑與介入，但 STS 卻一直沒有認真回應。FSS 深入研究與評論了 STS，但 STS 卻沒有對稱性地來看 FSS，為什麼？難道是 FSS 當年的見識不足

或成果不彰嗎？應該不是如此，當年的 FSS 成果也曾讓筆者大為驚豔。這是本書的第一個問題性。一直要等到 21 世紀初，STS 社群才開始高度肯定 FSS，特別是她資深的女性主義者哈洛威，在此之後，可說 STS 與 FSS 成為了姊妹社群。筆者此書檢討與回顧了這一段歷史。其次，本書第二個問題性是，如果我們反過來問，如果當年的 STS 也認真回應與評估 FSS，那麼結果會是什麼？故而筆者在此書也企圖以一個在台灣與東亞浸淫於 STS 二十年的研究者身分，回過頭來重新評估哈洛威稍早的兩本重要的專著：*Primate Vision (1988), Modest_Witness@Second_Millennium. FemaleMan©_Meets_OncoMouse™ (1997)*，來彌補過去的那個「不對稱性」，認真地以 STS 的視角來閱讀與研究、來評估 FSS，並提出評論、質疑與交流。在評估的過程中，我們可以逐漸理解，雖然該二書十分重要，但為何過去 STS 社群卻很難理解這兩本書。在問這兩個問題的同時，筆者也該說明，為何筆者適合來進行上述那兩個工作。所以本書第一章由筆者當年親身參與的台灣 FSS 研究與推廣開始，回顧、反芻與討論台灣一些 FSS 者的實踐。而後來筆者轉

換跑道繼而長年開始研究與教學 STS，在這個雙重背景下，筆者以身為度，來研究上述那兩個問題意識，或許是合適的。最後，在台灣進行這兩個問題意識的研究工作，一方面固然可強化 STS 與 FSS 人文社會價值在台灣的意義，同時配合了對台灣 FSS 研究發展的回顧與反芻，也會更深化我們台灣人文社會的價值基礎。

第一章

女性主義科技研究（FSS）在台灣三十年小史：

回顧、反芻與實踐

　　1987 年，台灣解嚴，社會各種抗議與運動大爆發，反對黨成立，但基本上以政治抗議為主。到了九〇年代初，政治性的抗議與討論已經達到高原期，社會與思想運動從政治面開始蔓延到了文化與性別面向。大學校園裡面的異議性社團，開始出現環保社、女性研究社等，而大學裡的女性主義學者們，也成立了女學會。

　　在那個時候，性別議題常歸類為人文社會領域，與科學、技術與醫療的關係不大，探討或翻譯這方面關係的人也很少[1]。我早年學術研究的背景來自科學史、科學哲學與科學社會學，並沒有接觸性別類的議題。1988 年我到哈佛客座研究一年，在藏書豐富的書店裡看到 Sandra Harding, Evelyn Keller 等人的書，如 *Feminist Question of Science, Gender and Science*，這樣的標題，讓我吃驚，瀏覽發現，其實裡面已經有相當多精彩的研究。那是我第一次接觸到女性主義科技研究（Feminist Science Studies, 簡稱 FSS）的領域。既然我是一個做科技的人文社會研究的人，自然不能忽略這個讀來饒有興致的 FSS

---

1. 但可參考彭婉如、洪萬生翻譯 Lynn M. Osen 的《女性數學家列傳》（1976）。或許還有其他未列上的。

題材。再加上我對傅科研究的興趣，當年客座回台後，政治上是李登輝、郝伯村的新局面，而我在清華歷史所也開出了「知識、權力、與女人」這樣的新課程出來，當然 FSS 是其中的重點之一。

在九〇年代初解嚴後的台灣人文視野裡，一開始 FSS 的可見度並不高，對於性與性別的討論，往往還得透過傅科的研究取向來折射。當年我們一群熱中文化批判的朋友，成立了《島嶼邊緣》雜誌，而其中第二期（1992）的主題就是〈科學、意識形態與女性〉，裡面有七篇文字，六篇是翻譯，其中四篇來自法國，不過卻有清華的江珍賢翻譯哈定（S. Harding）的〈女性主義‧科學與反啟蒙批評〉一篇，這大概是哈定第一次以中文跟台灣讀者見面。稍後，性別與科學的研究重鎮凱勒（E. Keller）的名著 *A Feeling for the Organism* 於 1995 年由唐嘉慧翻譯，天下出版了《玉米田裡的先知》。但因為國內翻譯界並不清楚 FSS 的觀點，所以從書名到國內生物學者對此書的介紹等，多少都扭曲了 FSS 名家凱勒一書的重點 [2]。在這九〇

---

2. 參考傅大為（1999）研究 Keller 此書論文的附錄〈玉米田裡的失誤 —— 略談性別與科學的譯介〉」。

年代初的時段裡，透過幾個國科會的 FSS 相關計畫，還有受到女性主義歷史學家 M. Rossiter 研究美國女科學家歷史的影響，我利用大量而複雜的問卷調查，初步研究了台灣女性科學家的「科學／女性／社會脈絡」諸領域，而與王秀雲一起發表論文（1996）。當時清華歷史所科技史組「性別與科學」的教學與研究已經逐步開展[3]。

　　大概要到了 20 世紀末，透過在美台灣留學生有心的牽線，我才有機會邀請 FSS 名家哈定來台作演講，她於 1999 年在清華的演講〈多元文化與後殖民世界中的女性主義科技研究〉一文，流傳頗廣，先刊於《當代》，後來收錄在 STS 思想運動的經典翻譯《性別渴望科技》文集中。而同年她在清華也主持了一個座談〈男人是否可以成為女性主義思維的主體〉，在許多對女性主義有興趣的男性知識分子之間，也引起了不少討論。因為哈定在女

---

3. 稍早，因為台灣旅美生物學家周芷與諾貝爾獎擦身而過，清華性別與社會研究室的王秀雲在 1994 年 5 月的《科技報導》為文「諾貝爾獎的魅影」討論女科學家受性別歧視的議題，陽明生物學家陳文盛則為文反駁，彼此進行論辯，是為台灣 FSS 與科學家的早期交鋒。後來傅大為發表（1999），研究凱勒的名著，也曾和幾位台灣的生物學家有深入的對話。

性主義知識論上的國際名氣（見第二章），加上她現身台灣說話，所以引起了廣泛學院學者的興趣與注意，在 2000 年曾有一場比較深入的「性別與科學」九人座談會舉行[4]，讓 FSS 的思想持續在台灣蔓延，包括了當時一些國科會的研究主題，同時幾位哲學家開始投入研究與評論哈定的女性主義立場論等，或拿來與布迪爾、傅科等名家對話[5]。

這個思想的蔓延，稍晚與另一個在 21 世紀初開始成長的台灣思想運動開始有了交集。部分是教育部的鼓勵，STS（科技與社會研究，Science and Technology Studies）的教學與研究社群的建構，在台灣開始推動[6]。在 STS 發展之初，就頗有一些台

4. 此座談會全文四萬字，座談會紀錄未發表，參與者有謝小芩、林淑蓉、吳嘉麗、黃囇莉、劉小如、楊文金、吳秀瑾、甯應斌、傅大為。座談會之外，還有洪萬生與他的學生們在數學與性別方面的持續探討。
5. 以哈定的女性主義立場論為中心，九人座談會中發表論文者起碼有哲學家甯應斌（1998）、吳秀瑾（2005）發展成研究論文，另外尚有黃懿梅（1999）反省女性主義知識論、文化研究者王孝勇（2007）的論文。
6. 透過教育部幾次「STS 中綱計畫」「STS 整合型計畫」的推動，我們把 STS 推動到通識以外的許多專門領域去，參考「台灣 STS 研究相關活動資料庫」，見《科技渴望性別》（2004，群學）附錄。

灣的女性主義者加入。所以，STS 在開始建立教學材料「STS 經典翻譯讀本」時，第二本就是著名的《科技渴望性別》（2004），裡面的七篇經典譯文裡，明顯 FSS 取向的，就起碼佔了四篇，作者分別是 S. Harding, L. Schiebinger, R. Cowen, 以及 E. Martin。在本書後面的發展中，此四人都會在不同的場合出現。總之，回顧起來，《科技渴望性別》這個經典讀本，是台灣的 STS 與 FSS 兩股發展力道第一次的交集，它們代表著、也向國人展示著歐美可以借鏡的新穎且具批判力道的研究取向，也是我們之後要推動的方向。但是，回到歐美的脈絡裡，這兩股力道的系譜與發展，往往距離不小，而且，特別在 STS 的早期發展中，性別議題並沒有被重視，所以可以預期的是，STS 與 FSS 中會有不協調與可資批評之處。不過，這些問題，並非台灣當初在推動與展示 STS（以及 FSS）過程中的重點，甚至並沒有清楚地意識到的議題。

　　另外也是在 2004 年，教育部的《性別平等教育季刊》（第 29 期），刊出了另一個科技「渴望性別」的專題〈科技教育渴望性別〉，由吳嘉苓、蔡麗玲、成令方、鄭芳芳、陳惠萍等 STS/FSS 學

者領銜，共有十二篇長短不一的文字，其中特別是蔡麗玲的「朝向性別容納式的科學」一文，結合了性別與科學、性別與科學教育這兩個主題，預示了她後來持續推動科學教育性別化，特別是科技的性別化創新的方向，也多少影響了後來台灣 FSS 的發展方向。還有也是在 2004 年，台大婦女研究室的《婦研縱橫》（第七十期），亦出版了「性別與科學」的專題，由王秀雲領銜，對「性別與科學」做了深入的回顧，專題共有五篇中短長度的推介或親身體驗之文字。或許，這是台灣 FSS 從九〇年代以來，推動「性別與科學」議題進入了一個高原。

不過，在同一個時段裡，因為傅科的影響，還有台灣一些新科博士的女性主義者對「性別與醫療」議題的關切，台灣的 FSS 開始分叉出一個重要的方向「性別與醫療」，而且從 2000 年開始，幾乎每年舉辦了頗為成功、引起許多呼應的「性別與醫療工作坊」。逐漸的，台灣 FSS 這一力道的發展，逐漸被討論「性別與醫療」的批判熱情所牽引，反而離當初 FSS 的初衷與主流的「科學與技術」議題較遠，「性別與科學」這一塊田，在 21 世紀的台灣，除了成令方與吳嘉苓 2005 年的「科

技的性別政治」研究之外，對照「性別與醫療」的研究而言，努力耕耘的人可能就比較少[7]。但對這個比較問題的判斷，也可能是筆者的無知，下面筆者會再多考慮一些。

也因為這一點，本書討論 FSS 的主要內容，將以性別與科學、性別與科技為主。回到當時台灣《科技渴望性別》那兩股力道的交會之處（STS 與 FSS）── 過去 FSS 與 STS 究竟彼此如何交會？那也是當時我們未能處理的議題，而這反而是歐美 FSS 在 20 世紀末企圖介入 STS 的重要面向。不過，在本書第二章開始正式處理那個未竟的議題之前，且讓筆者先說完這個台灣當代的 FSS 小史。

2007 年，在台灣女學會的綜合性專書《性別向度與台灣社會》一書中，共有 13 個主題，其中刊出了蔡麗玲、王秀雲、吳嘉苓的〈性別化的科學與科技〉，深度評介了「性別與科技」的議題，讓它正式進入了台灣女性主義研究的大分類中。2008 年 10 月，全球女性科學家會議在當時的國立

---

7. 成令方與吳嘉苓的長文〈科技的性別政治 ── 理論和研究的回顧〉（2005），總結了之前台灣關於科技與性別的研究，但也包括了不少的性別與醫療議題。

陽明大學舉辦，FSS 的重鎮凱勒也來到台灣舉辦了講座，回顧了她從物理系畢業後一路困難的生涯與奮鬥。而全球女性科學家會議在台舉行，並邀請了凱勒及一些國際學者代表與會，還包括一些台灣的 FSS 學者參與，這與陳水扁政府的後期台灣婦運代表進入行政院擔任委員有相當關係，是婦運委員以「性別主流化」之名要求各部會有所表現而來的[8]。另一個相關的發展，則是科技部從 2007 年就開始徵求「性別與科技專題計畫」一直至今，下面會再談到。當然，即使在那個時候，台灣的 FSS 對凱勒思想的研究仍然有限，除了前面提到的 *A Feeling for the Organism*，筆者曾努力研究過外[9]，凱勒其他的重要著作很多，她 2002 年出版的 *A Century of The Gene* 也曾在台出譯本《基因世紀》（2002），

---

8. 本章內容凡涉及台灣 FSS 與政府相關單位的交流與合作訊息，大部分均來自蔡麗玲，特別在此感謝。

9. 傅大為 1999 年的〈融會在玉米田裡的「非男性」科學〉，是我最後針對 Keller 的 FSS，援引傅科的「觀看」觀點，所做的批判性研究。之後，筆者研究方向則略微轉換，更加著力於性別與醫療還有 STS，如前文所言。2008 年凱勒訪問陽明大學時，當年天下的《玉米田裡的先知》台譯本特別出版了第一版的第 18 次印行，算是紀念版，筆者特別在封面底加印了短文「玉米田裡女生們的喜相逢」。

但引起的似乎注意並不多。

2008 年，教育部的《性別平等教育季刊》（第 42 期）刊出了「性別與腦袋」的專輯，其中特別對國內風行的一本譯書《腦內乾坤》（*Brain Sex* [1989]，台譯本第一版 2000 年、第二版 2005 年）的內容與翻譯，做了許多的批評，包括內容偏差、相關知識過時等。我們知道 2005 年哈佛校長 Summers 因為說到男女有不同的知性能力而下台，但《腦內乾坤》正是宣傳此偏見而在台灣十分風行，2005 年還再版。故引起了國內 FSS 者王秀雲、蔡麗玲等人的關切，且性平季刊也擔心此風潮會對性別教育造成反挫，故而特別邀請她們組織專輯來反駁與批判。本來為了平衡觀點，性平季刊也邀請《腦內乾坤》的譯者為文回應評論，但結果反而引起了幾位科學家的抗議，據說還要告教育部。教育部審慎以對，後來決定一方面把專輯的這些文字交付正式評審，另方面則拖到 2008 年才出刊，且專輯中多篇文章內原譯者的名字都沒有出現。當期的執編也特別加了「寫在前頭」的編按，鼓勵以「多元」角度面對腦功能的性別差異研究。最後出版的專輯，前後九十五頁十四位作者，包括了幾個

世代的 FSS 者、生理學家、神經人類學學者、教育學者、中學老師、研究生等。總之，這是台灣 FSS 者在面對「男女大不同」主流論述的一場知識／權力的實踐與交鋒。

台灣翻譯 FSS 的經典，除了凱勒的名著之外，2004 年由「新手父母」大手筆出版了女性主義靈長類學家赫迪（Sarah Hrdy）的 *Mother Nature*（1999）近六百寬頁之台譯本《母性：解開母親、嬰兒與天擇之間的歷史糾葛》（2004），薛絢翻譯。此書引起了台灣知識界的一些注意，但因為主題較為集中與專門，所以相關的討論比較侷限在養育與研究母性的圈子裡。而赫迪雖然在靈長類的社會生物學界中頗有名氣，但就比較一般性的 FSS 而言，則顯得太科學專門了點。筆者在本書後面討論哈洛威的 FSS 著作時，將會仔細討論到赫迪。另外 2010 年張君玫翻譯了 FSS 名家哈洛威的《猿猴、賽伯格和女人》（*Donna Haraway* (1991)），由群學出版。因為哈洛威長期在 FSS 耕耘，名著迭出，在台灣近年來的女性主義圈子裡，也因賽伯格之名而廣為人知，反而稍早在台灣引起廣泛討論的 FSS 名家哈定逐漸較少人研究。本書後面，雖然以哈洛

威與 STS 的辯證關係為主，但哈定的聲音也一直沒有消失。

2013 年，吳嘉麗與王秀雲邀請 FSS 名家施賓格（Londa Schiebinger）來台巡迴演講與座談[10]。一方面施賓格特別注意到女性主義對諸科學的影響或改變，而沒有那麼重視女性主義知識論方面的抽象議題，所以相對也容易引起回應與討論；另方面，她特別強調科技研究裡面的性別化創新（gendered innovation）這個論點，認為透過性別的視角，科學家的研究可以創新、貢獻新科學知識，而非只是對科學從性別角度作批判而已。對前者，台灣在 2016 年由五南出版了《女性主義改變科學了嗎？》一書，由柯昀青翻譯施賓格的 *Has Feminism Changed Science?*（2001），此書對於推廣 FSS 可說有其效力，後來也有相當的流通與讀書會的討論[11]。對於後者，蔡麗玲及其合作者則在

---

10. 施賓格是歐美第一位獲得 STS Ludwig Fleck 專書獎的 FSS 者（*Nature's Body* (1995)），本書後面會再提到。
11. 施賓格的影響在論文方面，林宜平 2019 年曾在《科學發展》（556 期）討論「社交機器人有性別嗎？」，成令方與陳師迪 2016 年則將性別創新研究發展到醫學領域（中風研究）《台灣醫學》（20 卷 3 期）。

後來幾年內持續努力，除了持續「性別主流化」推動，在科技部推動以「性別與科技」徵求各方面的專題計畫外 [12]，她們再把性別化創新作為「科技性別主流化」的新技術，透過科技部「規劃推動計畫」的支持，從論文研究、計畫、網站建置、網路宣傳與討論（包括科技部跨司的成果報告）、國際會議等，有了相當的成果，是為科技部的 GiST（Gender in Science and Technology）推動計畫，見蔡麗玲編著的《性別化創新》（巨流 2020）。當然，從稍早「性別與科技」徵件計畫，到後來GiST 的計畫也方興未艾，這些年來有如此多的計畫執行，研究成果究竟如何？有何著名的新研究出版？似乎仍待深入的分析。

2016 年，張君玫出版了《後殖民的賽伯格》一書，討論哈洛威與史碧華克（G. Spivak）的批判書寫。書中有一章多的篇幅來討論哈洛威，已經可

---

12. 從 2007 年開始，科技部每年大約補助了三十到四十個「性別與科技」計畫，見蔡麗玲（2020），p. 160，據言至今已經大約執行了五百個計畫。其中首批選出四十二個結案報告，請每位 PI 自行改寫成兩千字的科普版，集結成《哇！原來這是性別與科技！？》一書（2021），由巨流出版。

說是國內對哈洛威做比較深入的評介。但在對哈洛威的定位中，張不提她是女性主義中 FSS 的重鎮——雖然哈洛威自己常以 FSS 定位自己，常與 FSS 的健將們對話。張比較把哈洛威認定為一位賽伯格或批判資本主義的女性主義者，這樣有時會把哈洛威去脈絡化，忽略了她對話與爭辯的對象，例如本書後面要集中處理的 STS vs. FSS 的議題。何況，在 21 世紀，流動的哈洛威開始離賽伯格（cyborg）漸遠，因為基因科學的大肆發展，而更重視人犬、同伴物種的意義，持續她相當特別的 FSS 的探索路線。張君玫自承不想去處理哈洛威相關的辯論，而「希望從自身的發言位置出發，去追索⋯⋯哈洛威『可以』帶我們去到的地方」（P. 5），這樣把哈洛威當作一個台灣女性主義者「引路人」的方式，其實可以討論。或許，我們過去已經有相當多的歐美引路人了，現在重點該是發展我們自己的論點，並積極與遠方過去的引路人對話和辯論。但此書對哈洛威著作的一部分，的確做了周延的評介，筆者也曾受惠。

也是在 2016 年，活躍而充滿精力的 FSS 學者哈定再有機會訪問台灣，離上次她來訪台灣，已經

十七年之久了。她在中研院與高雄師範大學舉行演講 "Feminist Objectivity through Diversity"，還有在高師大參與「性別與科學」國際對話工作坊（由吳秀瑾、洪瑞兒、王秀雲與哈定進行跨國對話）。也是在那次演講，她還參與了由史書美等學者數次推動，而這次在台大外文系舉辦的「台灣理論關鍵詞」會議，討論以拉丁美洲理論與經驗為主的 "Knowledge from Below" 的觀點，後來譯成中文「底層知識」發表在《台灣理論關鍵詞》（2019）文集中。但這次哈定來訪，或許是因為拉美經驗台灣學界可惜比較不熟悉，而台灣的人文社會學界與解嚴後的九〇年代渴望國外新知的情況也已有所不同，雖然哈定仍然是國內熟知的 FSS 名學者，但她這次訪台後的回應，似乎也較少，這也是台灣 FSS 相關學者可以思考的議題 [13]。

　　回顧起來，台灣從九〇年代到 2020 年代初約

---

13. 哈定 2016 年訪台之前，在芝大已經出版了新書 *Objectivity and Diversity*（2015），她此時已經更重視後殖民的 STS 與性別研究。特別是積極參與拉丁美洲 STS 與性別社群的發展。她這次訪台曾仔細徵詢筆者開辦 *EASTS* 期刊的細節，為的是要籌組與促成拉丁美洲 STS 期刊 *Tapuya* 的成立，她也希望促成兩個「邊緣期刊」的交流。

三十年的歷程裡，隨著婦女運動與女性主義的風潮，她的支流 FSS 也一直發展，雖然可能未到風起雲湧的地步，但也是再接再厲，有時還與「性別與醫療」二者互相支援。過程中，如前所提，至少有三位歐美 FSS 名家哈定、凱勒、施賓格的相繼訪台，各自與台灣的 FSS 工作者互動，多少有開花結果的情況。另方面 FSS 也受到國科會、教育部（如性平季刊）的資助與鼓勵，在學界與社會上有一定的蔓延，而在實踐的過程中，甚至還與科學家交錯乃至辯論。另外也有化學家如吳嘉麗積極投入婦運與 FSS，並大力鼓勵女性科技人交流互助、組成學會。如在 2011 年她推動成立台灣女科技人學會，並定期發行《女科技人電子報》，筆者也是讀者。

不過，因為 FSS 的論著常有相當的（女性主義）理論性與哲學性，再加上對科技的討論也有點門檻，所以台灣 FSS 女性主義者過去雖然用力推動，但若要深入歐美 FSS 的思想，介入甚至辯論，提出自己比較獨立的見解，並不容易。雖然過去曾有一波台灣具女性主義傾向的哲學家認真介入哈定立場論的討論中，但等到之後如凱勒、哈洛威、或是深研歐洲「性別與科學史」的施賓格等現身，台

灣的 FSS 學者能夠與她們深入交流與辯論者，就相當減少，這時候，我們或許就該聯結東亞 FSS 的學者一起來與歐美對話，類似東亞 STS 的發展[14]。哈洛威的「賽伯格」意向與想法，雖然這幾年來有一定的流行與研究，但卻呈現一種發散的狀況，很少聚焦於哈洛威原本的領域，如科技或女性主義科技研究 FSS 來立論[15]。

相對 FSS 而言，從 21 世紀初開始到 2020 年約二十年的台灣 STS 發展，雖然時限上比 FSS 在台來得短也遲，但卻因緣際會，當時各種知性與物質的條件都更為充裕，「科技與社會研究」所涵蓋的領域也超越了 FSS。現在台灣的 STS 社群有學會、一個學會期刊、一個東亞 STS 國際期刊

14. 在東亞的中國方面，由江曉原、劉兵所長期主編的「我們的科學文化」系列，2018 年出版了「科學有性別嗎？」的專輯（上海交通大學出版社），中國（如章梅芳）、英國（如 F. Bray）、與台灣的學者均在其中發表廣泛涉及科學、技術與醫學相關的性別研究論文。台灣的參與學者有王秀雲、秦先玉、與筆者。

15. 除了張君玫（2016），國內對賽伯格的相關研究，大都發散在文學、哲學、藝術、倫理、宗教、科幻電影等領域去討論，可參考《賽伯格與後人類主義》論文集（2014）、或最近的〈賽伯格莊子〉（2021）等。

（*EASTS*）、研究所碩士班，還包括一些網路上的虛擬社群等，雖然不是沒有它的問題，但 STS 在台灣或許已是一更成熟的學術與實踐社群。從 STS 在台灣發展開始，筆者就投身其中，並在 2019 年出版了《STS 的緣起與多重建構》，對影響台灣甚鉅的 STS 前半生作系譜學式的檢視，其中還包括了筆者回顧自己個人的經驗到台灣的 STS，乃至嘗試觀察東亞 STS 發展的前景。所以，本書的主要目的，就是回到前面提到 STS 經典讀本《科技渴望性別》的未竟之業，我要評介與討論歐美 FSS 已經進行多年的對 STS 的介入（engage and intervene）與批評。畢竟，起碼在 21 世紀之前，STS 並沒有高度肯認 FSS 在 STS 領域中的價值，何況 STS 過去也並沒有特別注意科技的性別議題，所以更值得學習與反省 FSS 對這個姊妹領域 STS 的關切。但反之，FSS 過去也較少全面注意到 STS 的優點與犀利分析，其實也值得再仔細討論。所以在本書後段中，我企圖以 STS 的觀點來檢視哈洛威兩本稍早但重量級的 FSS 著作，以補充與強化過去 STS 與 FSS 逐漸彼此磨合與肯認的過程。

第二章

女性主義科技研究
FSS 與 STS：

從介入、分庭抗禮、到混同的後來
（1980s 到 21 世紀初）

　　在閱讀 20 世紀八、九○年代女性主義科技研究 FSS（Feminist science studies）與 STS 相關的文章時，我們常聽到 FSS 人評論說，STS 學者並不注意或不引用她們的研究 [1]。但是反之，在她們的研究裡，倒時而看到引用了 STS 學者們的研究及評論。同樣都是從人文社會角度來研究科技，為什麼在兩個鄰近的研究傳統彼此間有著不平衡、甚至「不對稱」的狀況，而不見鄰近思想傳統間在概念與思想的交流？STS 的研究傳統，起於六○年代末，之後的研究可謂汗牛充棟，而興起於八○年代的 FSS，則常對這些 STS 研究有意見，說「STS 研究忽略了性別面向」，是最常聽到的評論。但是，這些女性主義者除了進行她們的研究外，過去對 STS 的理解究竟有多少？單單說 STS 忽略了性別面向，或說 STS 學者不引用 FSS 的成果，似乎並不充分，畢竟這多少是兩個不太一樣的研究傳統。除非，過去有些 FSS 者真的認真思考或深入了 STS 研究，然後再從性別研究的觀點，對 STS 的研究

---

1. 這個評論，一直到 2019 年 8 月紐奧良的國際 STS 學會年會時，在 Oyarzun & Chaudhury 訪談哈洛威的文字中仍然出現：https://www.4s2019.org/interview-with-donna-haraway/。

內容，做出實質性的批評，若是如此，而被評論的
STS 人再不作回應或忽略，那就真說不過去了。從
這個問題意識出發，本研究的確發現了一些女性主
義者認真思考與深入了 STS，並做出了令人佩服的
評論，但反過來說，九〇年代 STS 傳統裡回應或
甚至開始深入認識 FSS 者，仍然屈指可數。這是
令人遺憾，還是另有可能的原因？這是本書的主要
問題意識之一。

我們知道，在 FSS 這個小傳統中，哈洛威近
年來似乎有幾乎全球性的高人氣。雖然她過去曾對
STS 有些深入的探討，但她的成果一直不被 STS
重視，直到 21 世紀哈洛威還有幾位其他成員才在
STS 的得獎錄中受到高度的肯定。這個認知落差的
歷史與知識意義為何？或許，認知落差的原因之
一，是哈洛威著作雖然有相當分量的經驗研究，但
其中高濃度的記號學（semiotics）與科幻小說文學
的色彩等，可能造成她與 STS 交流語言上的障礙。
是否有什麼辦法可以解決這個困難？筆者希望，本
書這個研究，就嘗試以一位 STS 人的身分來說明
與詮釋 FSS 過去對 STS 的介入，並且回應哈洛威
的 FSS 著作（見三、四兩章），補償一般 STS 人

對 FSS 以及哈洛威著作冷回應的遺憾，另方面也希望有助於促成當代台灣內部 FSS 乃至更廣義的女性主義研究與 STS 研究的交流與認識。

本書前言提過，FSS 不喜歡被定型，也並不傾向形成一個學科或是女性主義的一個學門分支，而更是一個有歷史傳承與活躍發展的網絡，雖然本書討論的 FSS 健將的著作，大部分都是 21 世紀之前的成果，但她們的下一輩的研究網絡，也已經逐漸成形與發展。[2] 再者，FSS 裡面的女性主義者也不一定只侷限於做科技研究，其中有些學者更傾向於作女性主義醫療研究，或說性別與醫療研究，如馬丁（Emily Martin）、克拉克（Adele Clarke）等。但本書的內容比較少著重在醫療研究或醫療史的領域。一方面原因是 STS 過去也比較少聚焦於那個領域，故她們與 STS 的交集也更少，且後來拿到 STS 終身成就獎 Bernal Prize 之這一類的 FSS 者也

2. 可參考 2001 年出版，Maralee Mayberry, Banu Subramaniam, Lisa H. Weasel 合編的 *Feminist Science Studies, a New Generation* 文集。一個更廣泛的介紹，可見 2020 年 Sharon Crasnow, "Feminist Perspective on Science", in *Stanford Encyclopedia of Philosophy* 網頁。

較少。另方面則受制於本書的幅度／文字限制，還有時代上的劃定（到 21 世紀初），使得目前筆者無法再聚焦於也有豐富成果與傳統的女性主義醫療研究。而這個時代上的畫線，表示著到 21 世紀之後，已經有越來越多的 FSS 學者受到 STS 的高度肯定，而 FSS 者也逐漸樂於活動於 STS 的領域，本書原有的第一個問題原則上已經解消。故本書的時限，就 STS 的脈絡而言，可說是 STS 的前半生。

雖然 20 世紀女性主義發展頗早，但她們正式開始建構 FSS 的年代，大概要到七〇年代末吧[3]。而 FSS 開始介入與評論 STS 主流理論與成果的時代，根據本文的研究，則要等到 20 世紀八〇年代後期到九〇年代，而彼時 STS 已經發展近二十年了。在八〇年代，雖然女性主義者已經開始注意到

---

3. 筆者大致引用 Keller（1995）的說法（p. 81），她使用的「性別與科學」（gender and science）一詞始於 1978 年她的一篇文章。不過若是說「性別與醫療」那個領域，則一般說女性主義的相關研究起始於 *Our Bodies Our Selves*（1971）。但因為 STS 研究在醫療方面起的很晚，也非本文的焦點，故暫略而不論。至於女科學對家庭技術的研究，柯望（Cowan）在 1976 年就已經發表了影響深遠的「家庭中的工業革命」。

STS 的發展，一些學者都曾引用到 STS 的成果，並常在註腳中批評說 STS 人沒有注意到科技的性別面向等，但除了柯望（Ruth Cowan）的技術研究（1987）外，相對於之後的九〇年代，她們還沒有深入地與 STS 人進行對話。部分原因，是當時 FSS 有自己的問題意識與辯論，例如，透過凱勒對女性基因學者麥克林托克（Barbara McClintock）的精彩傳記研究（Keller 1983），進而發展出「有沒有女性主義式的科學研究？」這類的問題意識與辯論，或者是投注在女性生育與懷孕等各種醫療性別與政治的繁複問題領域[4]。不過就一些問題領域而言，當時的 STS 與 FSS 已經有了部分的重疊，例如哈定（Sandra Harding）（1986）就曾很重視非洲思想，還有非洲與歐洲比較的問題。

開場：FSS 與技術

在正式開始討論 FSS 對 STS 的「科學研究」（science studies）開始介入之前，筆者想先以 FSS

---

4. 可參考傅大為（1999）、傅大為（2005）。

對 STS「技術研究」（technology studies）的有趣介入來開場。STS 的技術研究，比起 STS 的「科學研究」（聚焦研究基礎科學的社會建構），算是後起不少的，一般常以 *The Social Construction of Technological Systems*（Bijker, Hughes, Pinch 1987）宣稱在技術社會學與技術史開出新方向，為 STS 技術研究的起頭，包括了其中的 SCOT（技術的社會建構論）論點[5]。也正是因為後來技術研究的興起，並與 STS 稍早的前身科學研究（science studies）二者合流，才形成了我們當代 STS 科技研究（Science and Technology Studies）的統稱。但是技術研究，自然包括了日常生活與家庭中的各種技術物，與女性主義 FSS 們早有的關切重疊頗大，所以雖然在 STS 中屬於後起，但卻一開始就受到 FSS 者已趨成熟的評論[6]。但也因為限於篇幅，筆

---

5. SCOT（Social Construction Of Technology）的論點來自稍早 Bijker & Pinch 合作研究腳踏車的發展史（1984）而形成。對 SCOT 的解釋見本節下一段。

6. 在分類上，本文把 STS 分為早期的科學研究（science studies）與後來加入的技術研究（technology studies）二者，但對 FSS 而言，就不再細分為科學與技術兩種研究，而統一以 FSS 稱呼。

者此書已無法就 STS 與 FSS 在技術（technology）上的研究成果作全面的討論，所以僅能以開場的方式來呈現一些光影。而即使在這個開場的討論裡，其實也簡單展現了幾個重點，它們可用來對照之後筆者對 STS「科學研究」部分所要討論的幾個面向。

首先，因為 SCOT 理論強調一個技術物（artifact）的形成與穩定，是源自一個企圖解決社會問題的技術物粗胚，它受到各種相關社會團體不同詮釋的競爭、彼此拉扯與形塑，而最後才逐漸穩定下來（如從早期的大小輪但無輪胎腳踏車及其他模型，彼此競爭，到後來穩定的安全腳踏車），不再競爭而黑箱化。那麼，技術物只在「初期」的形塑過程中被不同的相關團體所影響，但一旦穩定下來，後期的消費者則無法再對技術物能產生什麼影響。如此一來，通常在設計與製造上不是有力的社會團體，如婦女、主婦等，是否就無法對技術物的發展產生影響，而只是被動的消費而已？不過，FSS 歷史學家柯望幾乎同時以家中暖房與烹飪的火爐為例，提出了「消費的關口」（consumption junction）這個概念（1987, pp. 262-3），強調以消費者為中心的觀點，以及她們在特定的時間與地域下，對彼此競爭

的技術物消費品做出選擇的關鍵點。如此，被動的消費者成了主動選擇的力量，當初穩定下來的技術物，仍有機會在消費市場中再被相對弱勢的婦女消費者所形塑。

有趣的是，柯望所帶動一系列 FSS 研究，還有從 STS 中的 ANT（Actors-Network Theory）[7]學者 M. Akrich 提出技術物的「設計」，其實蘊含著腳本（script）的概念，到後來巫秀（Nelly Oudshoorn）等進而發展成「性別腳本」，都對 STS 的技術研究產生更廣泛的影響。同時，1996 年，STS 的技術研究學者 Ronald Kline 與 Trevor Pinch（聘區），合力稍事修正了 SCOT 的理論，以福特在都市穩定而成功的 T 型汽車，如何打入美國農村市場的過程為例，展示了美國農夫農婦作為農村 T 型汽車消費者的形塑力道。他們重新拆解了 T 型車的結構設計，進而以引擎為主拼湊出為農事而用的各種拼裝工具，後來福特也順勢利導，乾脆發展農用專

---

7. ANT，在台灣通稱行動者網絡理論，是八〇年代從 STS 的主流 SSK（Sociology of Scientific Knowledge）分出來的支流，但到了當代的 STS，已經是 STS 兩大主流之一。當初 ANT 從 SSK 分支出來的歷史，可參考傅大為（2019）。

用車。所以，Kline & Pinch（1996）的論文，可以說是 STS 技術研究主流在面對 FSS 的批評下（p. 768），從善如流地修改 SCOT 理論，並且甚至做出有活力的新研究的好例子。

其次，在上述消費者、使用者的發展方向上，FSS 者巫秀與 STS 健將聘區在 1999 年 4S 年會[8]上的多場專題，發展成 2003 年合作編輯出版了一本結合這兩個傳統的文集：*How Users Matter: the Co-construction of Users and Technology*。而且兩人合力寫了一篇詳盡而精彩的導言 "How Users and Non-Users Matter"，強力肯定了 FSS 學者們在「強調使用者的重要性上，扮演著主導性的角色」（p. 4），並指出過去技術史學者在敘述上常導致女性缺席的嚴重問題。此導言仔細說明了使用者觀點下的技術研究的四個「不同的」發展方向：1. 作為技術變遷的主動者：SCOT 理論；2. 女性主義的進路：從柯望的研究所發展出來的，使用者的多樣性與權力；3. 語意學（semiotic）的進路：設定（configuration）

---

8. 4S 是 STS 的正式國際學會（Society for Social Studies of Science）。

與腳本，與 ANT 較為相關，但 FSS 對之作了進一步的轉換，如「性別腳本」觀點；4. 文化與媒體研究：消費與馴化。這四個方向，可說樹立了 FSS 們與 STS 健將合作的好例子，雖然仍和而不同，不過已經不止於過去凱勒所期待的「在一個重疊的圈子裡交易想法與概念」而已了。

所以，從分類的邏輯上，*How Users Matter* 兩位不同領域的編輯，已經把 STS 與女性主義研究相提並論，也多少互通有無[9]。從 1987 到 2003 這 15 年間，STS 與 FSS 者在技術研究的領域，已發展出許多有趣而對稱的研究取向。但是這種彼此對稱的取向、相提並論的分類，卻不是在更有 STS 深厚傳統的「科學研究」（science studies）領域中所容易看到的。差不多在同一個時段裡（八〇年代後期），在 FSS 開始意氣風發地介入 STS「科學研

---

9. 這本文集的評審人中，包括了技術史家、STS 人、還有 FSS 者，見該書的 Preface。筆者在 2019 年年底曾在阿姆斯特丹訪問巫秀，問及她是如何與聘區合作的。雖然她早期關於荷爾蒙的研究，也未受 STS 的注意，但後來因為看到聘區願意修改 SCOT 理論來討論福特汽車，他的 SCOT 腳踏車研究也討論了婦女的行動，同時巫秀剛好有機會去康乃爾訪問，故促成了她與聘區更密切地合作「STS 的使用者研究」。

究」的過程中，所遇到的問題往往並不一樣，科學
研究成果的消費者與使用者，往往就是科學家們自
己。除了少數的 STS 人外，STS 也並不容易就接
受 FSS 的評論與修正，為什麼呢？這個過程，與
FSS 介入技術研究的過程彼此做一個對照，將是個
有意義的觀察角度，這也會是本章在後面希望進一
步反省的議題。

FSS 開始介入 science studies 的
幾條路徑

　　根據筆者的觀察，八〇年代末到九〇年代，大
約透過五、六條路徑，女性主義科技研究者對 STS
「科學研究」的論點與研究激發出更深入的評論。
一般而言，FSS 開始順著自己理論的方向（如哈定
的立場論、哈洛威的情境知識論，見後），而對
STS 的某些理論的具體內容，如 SSK、ANT、或是
重要的內部辯論，如膽小鬼辯論等，提出具高濃度
性別視角的評論，並甚至藉之發展出新的 STS/FSS
理論，如社會世界論，如馬丁的科學人類學的另類
模型等。本章下面會逐一地來討論這些深入的 FSS

評論。

幾乎同時，一些 STS 學者也感到與 FSS 彼此之間缺乏對話。於是 STS 學會機關刊物 ST&HV 在 1995 年刊出了一個專輯，企圖在 FSS 與 STS 建構主義二者間建立一個對話的橋梁，但是這個初步的對話是否成功呢？

最後，到了 1994-1996 年間，「科學戰爭」（Science War）爆發。一些對後現代、建構論與左派學者很不滿意的科學家（聯合一些哲學家）集合起來對 STS 的建構論，還有 FSS 的觀點，作出強烈的抨擊。我們知道，在這個年代之前，STS 與 FSS 二者很少在同一個論述空間中被視為類似、被一起討論或批評，但對在科學戰爭中的科學家們而言，後二者其實有著類似的問題與偏見。於是在這個脈絡下的敵我分類，STS 與 FSS 倒常被擺在一起，有時是被批評，有時則似乎在一起維護共同的立場。

以下，筆者就對上述幾條介入的路徑與脈絡，逐一作討論，特別會著眼於 FSS 者除了說 STS「忽略性別議題」之外（沒有寫什麼），如何能夠深入評論到 STS 的成果或理論本身去（什麼寫錯了）。

一、珊卓·哈定對 SSK 強綱領的 選擇與評論

在八、九○年代 FSS 的作品中，對 STS/SSK 早期就著名的強綱領等原則[10]，哈定（Harding 1986）很早在她的成名作 *The Science Question in Feminism* 就予以肯定[11]，特別是布洛爾（Bloor 1976）對傳統社會學侷限於「錯誤社會學」的評論（說社會學只侷限於解釋錯誤的科學理論）。同時，哈定與 SSK 很早就都對非洲部落社會的思想有一種後殖民的興趣，彼此有相當的重疊，在該書的第七章，她特別討論到非洲社會人類學家霍頓（Robin Horton），而筆者討論 STS 系譜史（2019）的第四章，主題正是「SSK 早年的人類學時期」，討論了

---

10. SSK，一般稱之為「科學知識的社會學」，是 STS 早年的主流。SSK 的起始點是突破了當年曼罕「知識社會學」不談科學的限制。SSK 的主要觀點之一是 Bloor（1976）的「強綱領」（strong programme）四原則，強調科學理論無論對錯，都需要以因果、公平、對稱、反身四個原則來理解它們的興衰。其詳細當代史可見傅大為（2019）。

11. 哈定這本 FSS 的經典著作，還得到美國社會學學會 1987 年的 Jessie Bernard Award。

很多 SSK 與霍頓的相關研究 [12]。而到了哈定 1991 的 *Whose Science? Whose Knowledge?* 中，哈定進一步深化她的女性主義立場論，並提出了著名的「強客觀」（strong objectivity）的觀點 [13]。我們注意到，哈定強客觀觀點的提出，其實多少類比了 SSK 強綱領的「強」（p. 149）。

> The strong objectivity that standpoint theory requires is like the "strong programme" in the sociology of knowledge in that it directs us to provide symmetrical accounts of both "good" and "bad" belief formation and legitimation. We must be able to identify the social causes of good beliefs, not just of the bad ones to which the conventional "sociology of error" and objectivism restrict causal accounts.

---

12. 感謝哈定特別對筆者提到這一點。另外 Harding（1986）第二章，也注意到了 Bloor（1976）討論數學的社會性與協商性的議題。
13. 大致上，哈定的「強客觀」要求科學研究不止是侷限於對研究對象要客觀，而且要求對整個科學研究的過程、實作、文化背景等，也需要客觀地加以檢視（p. 149）。

　　所以哈定大致接受了 SSK 名家布洛爾「強綱領」的因果、公平、對稱三原則，但她認為，強綱領的解釋常只侷限於微觀的物理研究過程，卻對巨觀的科學與社會的關係很少著墨，但後者正是哈定的立場論（standpoint theory）[14] 需要的。雖然哈定的這個評論不盡符合 STS 的情況，不過同時也顯示了 FSS 元老哈定的社會企圖。哈定的這個評論在此書中出現幾次，它大概主要只是針對柯林斯（Harry Collins）、聘區等的微觀物理研究。其實哈定很受影響的 SSK 元老巴恩斯 Barnes（1977）談利益與科學知識的成長，裡面討論巨觀社會的地方很多。另外 STS 1985 的經典 *Leviathan and the Air-Pump*，早就在討論英國 17 世紀復辟時代的巨觀社會，但卻的確不及性別議題，見下面哈洛威的討論。哈定在此似乎沒有提到 1985 年經典作者之一的 SSK 科學史家謝平（Steve Shapin），一直要等到 Harding（1998）。可見 FSS 者甚至如哈定，

---

14. 立場論強調各類女性在生活與工作上所佔有的位置與場所，如主婦或清潔工，往往讓該女性在認識周遭的環境與社會時，有比男性更深入與正確的認識。這是一個女性常有的認識論上的優勢。

早期對 STS 的熟悉度也有限。

其次，哈定雖然大致接受了強綱領的前三條原則，但對第四條反身性原則（用三條原則去瞭解科學理論的興衰，應該也要以之來瞭解社會學本身的發展）卻有比較強的意見，並認為布洛爾為之辯護的力道很弱。所以，雖然強綱領的前三條很有價值，但布洛爾卻無法對強綱領本身提出一個具體的（社會）因果解釋——即強綱領從何而來？是不是來自一個好的原因？哈定覺得如此會導致相對主義，並使得布洛爾擁抱了相對主義（pp. 168-9）。哈定認為，一個好的科學理論，如哥白尼天文學或牛頓力學，同時也有不錯的社會原因導致這些理論的被接受，彼此並不衝突[15]，就如一個好的女性主義理論的出現也一樣。

不過，哈定又說因為布洛爾強調價值中立，這樣就無法分出好的與壞的理論、與好的或壞的社會

---

15. 這個彼此不衝突的論點，布洛爾在討論牛頓與波義耳力學及其社會關係時（"Durkheim and Mauss Revisited", 1982），也都提到過。而從一個更廣泛的角度來說，筆者的（傅大為 2019），部分也是在為強綱領的興起提供一個反身性的社會解釋。

原因，所以這也是相對主義。但是布洛爾的相對主義，該是方法上的相對主義，對歷史上的科學理論的好壞成敗，我們該公平對稱的來尋求社會原因（所謂的價值中立），但這並非知識論上的相對主義「一切理論都同樣好」。所以，當我們在方法上解釋了女性主義理論興起的社會原因之後，我們仍然可以認定女性主義是好的理論。布洛爾在強綱領原則的後面，仍然可以有他的倫理與政治批判觀點，這些都並不衝突。本書第一章提過的台灣哲學家甯應斌，討論〈Harding 的女性主義立場論〉（1998）一文的結語「強勢綱領與立場論」，也以哲學分析到這個相對主義的問題，最後倒認為強綱領的立場不足以完全支持哈定的強客觀。不過，哈定的立場，部分畢竟是來自女性主義所強烈關切的性別正義的要求吧。

不論如何，雖然哈定對 STS 的豐富文獻掌握比較有限，但哈定強調女性主義立場論強客觀的理由，並覺得足以跳出 SSK 相對主義的泥沼或陷阱，卻是現實、具體而有力的。在哈定此書的第五章，從女人的生命與生活（from women's lives），亦為此書的副標題，哈定提出八大客觀的角度（pp.

121-133），如「女人是社會秩序中很有價值的『陌
生人』」，哈定引用社會學家 Patricia Hill Collins
的觀點來說「陌生人」的見識，說她們與社會學家
另外所熟悉的見識，彼此整合起來可以極大化社會
學知識的客觀性，還有陌生人的見識可以讓社會學
家跳脫己見的束縛等。其他的客觀角度還有如「女
人的觀點是來自『性別戰爭』戰線的另一邊」、
「女人的觀點是來自日常生活」等等，來賦予女性
主義知識的正當性。我想，除非我們活在另一個女
性獨霸的科幻世界，否則是很難不接受哈定這些的
強客觀角度，也很難以知識論來否定這些關於女人
生命的宣稱。可惜的是，過去的 STS 並沒有充分
重視到這些女性主義的基本觀點[16]。

二、空氣泵浦是個性別的技術，
　　及 FSS 者評論知識論膽小鬼的辯論

在開始討論哈洛威對 STS 的具體研究提出評

---

16. 對於女性主義的立場論，SSK 的 Shapin（1995, p. 307）曾
簡短談及，但認為那是一種「大論述」、「本質主義」而很
難與 STS 的「在地主義」（localism）進行對話。

論之前，我們先提一下她更早時對 STS 的初步印象。哈洛威對 STS —— 特別是拉圖（Bruno Latour）的工作，一直有些熟悉度，早年也寫過拉圖的書評（1980）。在她的初步印象中，我們今天熟悉的 STS 中 SSK 與 ANT 流派的爭論與區別，是不太存在的，所以她曾說的拉圖與伍爾加（Steve Woolgar）的早年的經典 *Lab Life*（1979）是 SSK「強綱領下的產品」，這其實符合 STS 在七〇年代的歷史情況。但在經歷後現代與後結構的潮流後，她的新印象，在她 1988 年著名的論文「情境知識」的開頭，卻很鮮明的表達出來。她基本上把 STS 的強綱領、建構論立場、拉圖的 ANT、後現代「整個世界就是文本與措辭」的論點、甚至沒有行動力的極端相對主義這些立場，都混在一起來說。她對「STS 及許多其他」的印象是不好的，因為這些科技研究的新論點，仍然是男孩們的陽剛遊戲，無法解決女性主義者想要解決的問題。這是她一個驚人的抱怨：

> 我們一開始要一個強有力的工具來解構那些有敵意的科學及其真理的宣稱……但結

果我們最後卻受到了一種知識論式的電擊療法，非但不能引導我們進入公共爭議的辯論，反而成為攤在實驗桌上的多重人格錯亂者。（1988 收入 [1991], p. 186）

顯然，她這種混淆式的印象（STS 加後現代加相對主義），不能滿足女性主義者們的需求 [17]，繼而促使哈洛威在該文轉換隱喻，重新在女性主義理論中思考「視覺」的問題與可能。當年 FSS 與 STS 的交流與溝通，並不容易，本文在後面會再回到這個問題來。但到了九〇年代，情況開始有所變化。哈洛威對拉圖與 STS 開始有更深的理解與評論。

1992 年 "The promises of monsters" 一文的一個著名長註腳 14 中（1992 收入 [2003], pp. 115-6），哈洛威對拉圖的「collective」「practice」等核心概念提出批評。認為它們涵蓋的太狹窄，因他忽略集體裡面非人也非物的東西，這當然涉及到她重視的

17. 哈洛威（收入 [1991]）提到女性主義者具體要什麼，見 p. 187 第二段。但是說實在，她在 1988 年發表「情境知識」一文時，對 STS 陣營的理解頗為有限，見此文的註 2（收入 [1991], p. 248）。

動植物這個大領域[18]。其次，她注意到 ANT，乃至更一般的 STS 人，不會談到科學論述中隱含階級族群性別等 FSS 者很看重的概念議題（這裡哈洛威仍然忘了上一節提過的巴恩斯），大概因為是 ANT 拉圖等人認為那些是社會科學中的老概念，或只是涂爾幹老理論中認為「自然分類反映了社會分類」論點的餘緒，所以需要排除。但哈洛威認為 FSS 可以完全不靠社會科學的那些老概念，透過實作與技術，仍然可以強調那些女性主義議題的十分重要，因為「陽剛男性至上」也是種 STS 說的實作，而系統性的剝削也是關鍵的「技術內容」。或許哈洛威不清楚那些社會學的論點在 STS 的 SSK 陣營中仍然很重要，但顯然她已經捉住 ANT 問題的一些關鍵點。

之後，哈洛威 1997 年出版的專書 *Modest_Witness@Second_Millennium. FemaleMan©_Meets_OncoMouse™*（後簡稱 *Modest_Witness*）很特別地獲得了國際 STS 學會的肯定，得到了 1999 年的最

---

18. 如前一註所提的，在 1990 年代中期以前，很有趣的是，哈洛威對 STS 的評論往往都寫在註腳裡，這裡也是，但已經是長註，而且頗為言之有物。

佳專書獎（Fleck Prize），就本書討論 FSS 對 STS
的介入這個主題而言，這是個重要的分水嶺。正是
在這本書中，我們看到哈洛威對 STS 更為精確具
體的評論。她不但處理了女性主義與拉圖 ANT 的
複雜關係（既重視又批評），還深入地批評到了
SSK 中的經典著作 *Leviathan & the Air-Pump*（1985）
（後簡稱 LAP）。特別是透過女性主義科學史家波
特（Elizabeth Potter）在出書（2001）前的研究，
她對波義耳「謙遜的見證」做出深入的討論。

　　如果我們對 STS 進行一個系譜學的考察，會發
現到 1985 年是它前半生發展的一個顛峰，特別是
謝平與夏佛（Simon Schaffer）的經典之作 LAP。
而 FSS 者哈洛威則在 1997 年那本有神祕而冗長書
名的重要著作裡，一開始就對 LAP「謙虛的見證」
（modest witness）概念，提出了精彩的批評。哈
洛威的批評，部分是基於波特對波義耳科學實作與
性別特質的研究，後來出版成書（Potter 2001）[19]，
雖然此書的論點仍有待進一步的發展與深化，但

---

19. 波特對 SSK 的科學史家如謝平（LAP 的作者之一）很熟
　　悉，而且在書中屢屢感謝從他們學習到許多東西。

它對哈洛威敏銳的思維已經非常有用。哈洛威從
LAP 所強調的波義耳認識論著手，認為波義耳「謙
虛的見證」（在皇家學院裡隔離自己的政治與宗教
言論及哲學偏好，而只對實驗事實作見證，並對事
實表達謙遜的接受態度），雖然一方面與 17 世紀
英國的宗教政治社會爭議密切相關，但它另外還有
一個性別的面向，被 STS 的科學史家所忽略。相
對於 16、17 世紀流行的女性化的男人，波義耳等
仕紳開始強調與塑造一種新男性：不修飾、對實驗
事實謙遜、虔誠的生活、遠離女人，他的心靈只看
到實驗事實、看到上帝，而看不見所有維持他生活
與實驗的女人與技師。這種謙遜的見證人，他排除
女人進入實驗室、排除實驗技師成為真正的實驗
者，而這種「看不見與排除」，甚至看不見自己身
體及其偏見與侷限性，而企圖成為無所不在的「全
知心靈」，那正是 20 世紀以來女性主義者特別要
批評的。哈洛威認為，即使謝平很早就注意到波義
耳實驗室裡無名的技師，後來謝平（Shapin 1994）
也寫到實驗室裡不可見的技師與女人不進實驗室，
但他仍沒有注意到英國 17 世紀這個具體的「打造
新性別・新男人」（gender-making, man-making）

的過程。位居於科學知識核心的波義耳空氣泵浦，那個讓波義耳及其技師們忙著在抽掉空氣的玻璃瓶裡做各種實驗的泵浦 —— 那個被科學史家比喻為17世紀的粒子加速器級的大科技物，哈洛威語出驚人，其實是個性別的技術（technology of gender）（p. 28）。

哈洛威這個引經據典、正式地以早期近代英國文化史的角度，對 LAP 大書所提出的約十二頁批評，謝平與夏佛如果要對等回應的話，並不容易。而因 LAP 而暴得大名的兩位作者，忙於閱讀到處湧現的書評與評論，但很少有正式的回應書評。到了 2010 年 LAP 出二十五年版，謝平與夏佛寫了一長篇回顧文 "Up for Air"（2011），點到了後來的許多著名書評，但或許哈洛威的評論非正式的書評，在回顧文裡竟然漏掉了，而這可能是 FSS 裡面最認真與最深入評論 LAP 的文字。就本書的問題意識而言，這個遺漏，多少證實了 FSS 長期以來的不滿，也不知道兩年後哈洛威的 *Modest_Witness*（1997）得到 STS 的最佳專書獎，是否是種補償。

至於拉圖的部分，哈洛威（1997）除了稱讚拉

圖企圖來解消自然與社會的大區分外，繼而批評拉圖 *Science in Action*（1987）（簡稱 SIA）以科學界的戰鬥力、要克服論敵需付出多少代價的角度，來衡量一個「科學宣稱」強度——故所謂的科學真實，就是當論敵發現要駁倒它所需的代價是不可能的高的意思。這種看法，很容易是個男性陽剛氣質（masculinity）的展現，可能是波義耳「謙遜的見證」發揮到極致的結果。拉圖的「technoscience」（科技／社會）即是戰場，打造新世界也摧毀舊世界，科學家如古羅馬競技場上的奴隸鬥士，非勝即死（p. 34）[20]。類似的情況，也出現在九〇年代初 STS 內部的「認識論的膽小鬼」辯論（SSK vs. ANT）（Pickering 1992），哈洛威覺得（p. 29）那是個 STS 學術界奇怪而脫軌的鬥狠現象。膽小鬼的遊戲（chicken game）是一群男孩在競爭誰能夠在汽車疾駛而來的馬路旁成為最後一刻穿越馬路的勇者，而認識論上的膽小鬼遊戲就在看誰的認識論立場能夠最基進、最徹底，不然就是膽小鬼。表面上，似乎 ANT 的「一般性對稱性」原則比早先的

---

20. 此評論來自謝平對 SIA 的著名書評 Shapin（1988）。

強綱領對稱性原則更基進：不止是對成與敗的科學理論要對稱，也要對人與非人、自然與社會都要對稱。但其實，因為一般性對稱原則拋棄了以社會學來分析科學的SSK初衷，社會學解釋的地位滑落，反而讓科學家的權威論述重新回來——因為自然與社會彼此要對稱，故柯林斯等認為ANT反而走向保守的路，其實是往後退一步了。

但是，這個辯論的問題，是否只能如哈洛威一般，以陽剛風格或「謙遜的見證」的生活形式（form of life）角度來評論雙方的語言及比喻（雖然辯論中彼此指責的口氣的確凶，「保守退步」「致命錯誤」等詞隔空交火），而沒有進入到辯論的內容？筆者覺得，這個膽小鬼的辯論，主要在拉圖與卡龍（Callon）vs. 柯林斯與耶立（Yearley）兩對學者之間展開，側翼還包括SSK兩位歷史學家謝平與夏佛對拉圖研究成果的重量級書評[21]，可能是STS歷來最重要的內部辯論之一。牽涉到的問題很多，如ANT說的非人（non-human）、或說扇貝是否可以成為行動者？卡龍不是海洋生物學家，

---

21. 書評的部分見傅大為（2019）第六章第三節的說明。

是否有資格來替扇貝說話？但若讓海洋生物學家進入 STS 辯論說話，則是邀請科學權威凌駕社會學。而拉圖、卡龍也挑戰 SSK 如柯林斯的科學家社群協商（negotiation）的觀點，認為該觀點並沒有真正解釋爭議的完結，只是顯示科學家之間是以妥協與合縱連橫來解消科學爭議，一點都沒有比 ANT 來得更讓人滿意。辯論中，拉圖等強調許多哲學性的思考與質疑，而柯林斯等則要求 ANT 需要在經驗上有新結果才行，而非只是換一種哲學語言來說同樣的事。彼此甚至還涉及到英國與法國的文化與哲學的不同與優劣 [22]。

　　或許，這個膽小鬼的辯論，是自覺資深的 STS 人如柯林斯，以膽小鬼的遊戲之名來嘲弄 ANT 等較資淺的拉圖等人（ANT 似乎只是虛好看，而沒有在 SSK 過去的成果之外真的另闢蹊徑），這當然會令拉圖等生氣。但是在 1990 年以前，以咄咄逼人聞名的拉圖，早已對 STS 中較資深的 SSK 論點做過許多的批評與嘲弄，所以也難怪柯林斯等要

---

22. 這個辯論及其後來評論者的前後分析，可以參考范瑞鑫的碩士論文（2019）。

以認識論的膽小鬼來回敬[23]。或許，以性別的詞彙來說，這個辯論過程，就似 SSK 作為資深老大，對桀驁不馴的後生拉圖嘲弄或訓斥幾句。另方面，在辯論中，拉圖喜用左右勾拳的比喻來描述科學家彼此間的拳擊戰（p. 364-5），來批評柯林斯貌似斯文的「協商」說法很空洞[24]。同時，拉圖等又時而轉換成博取讀者同情的口吻，認為柯林斯等不給 ANT 一個機會，不讓 ANT 與 SSK 好好合作等。話說回來，從拉圖與伍爾加 1986 年第二版的 *Laboratory Life* 開始，到一年後的 SIA，對 SSK 就一直持不假顏色的批評態度，自然有段恩怨的歷史，這是一個在 STS 認識論上長久的辯論與較勁，互不相讓，也無法相讓。或許，是 SSK 不夠謙讓與鼓勵後來者，而 ANT 則急切地要推翻保守資深而奪得領導？從性別角度來說，這似乎是 STS 裡面一群維護領土的資深男人群（SSK）與一群桀傲

---

23. 簡單說，資深的 SSK 理論要比後來 ANT 理論早上十至十五年。即使拉圖早年也算是 SSK 陣營中後起的佼佼者，約到了 1986 年左右才離開 SSK 而建立 ANT。見博大為（2019）。
24. 這當然是拉圖的 SIA 中科學競爭的基本意象。認為科學競爭是靠兩派集體網絡力量的總對決，而非柯林斯所說的「協商」，後者起碼沒有比 ANT 的力量競爭原則高明。

不馴的年輕男人群（ANT）彼此的競爭與對抗；但是，除了哈洛威前面提到的奴隸鬥士個人的殊死砍殺外，其實還有男孩間的聯盟、師承、情誼、輩分、背叛、集體對抗等，可以進一步分析。所以，如何以性別分析，進入到知識論膽小鬼辯論的內容細節，是 STS 的「男性」性別研究尚未深究的工作。

而如何分析學術界男人之間的輩分與學派意氣之爭，FSS 人類學家查薇克（Traweek 1988）討論美國與日本高能男物理學家社群的分析，其實可以作為參考[25]。首先，在物理學家成長到自立的過程中，年輕的博士後到助理教授階段，雖然強調逐漸獨立判斷，且開始不遵照資深物理學家明白的指示，但一切仍然需小心進行，同時仍尊敬資深者未經明言的教誨。這是所謂「小心的不順從」（careful form of insubordination, p. 533）。那麼拉圖究竟有沒有小心地不順從？在膽小鬼之爭中，雖

---

25. 特別是該書的第五章「Pilgrim's Progress: Male Tales Told during a Life in Physics」，後來此章的節錄收到 Biagioli（1998）的第三十四章去，本文的頁碼來自 Biagioli（1998）。

然惡言不少，但拉圖等也找機會說當初曾從柯林斯處學到很多精彩之處。反之，STS 資深者所掌握的資源，大概比不上高能物理中計畫領導者的龐大權力，所以對 STS 資淺者不順從的可能懲罰，也會小很多。其次，就高能物理學家的生涯而言，查薇克也敏銳地看到一個循環圈。從大學生開始浪漫地讀到大物理學家的自主奮鬥開始，到研究生時代的模仿與尊崇，然後到在學界裡成為有技巧講話與措辭的競爭教授，等到成為資深者時，就喜歡向下一兩代的年輕人回顧浪漫的物理之愛，如此走完了一個圈子，一個「冒險粗漢子」（picaresque, p. 539）的生涯。也許膽小鬼之爭中的 STS 教授們尚未走完查薇克所說的生涯圈子，但這個冒險粗漢子的生命風格，或許可以當作觀察 STS 男性生涯的一個參考角度。

知識論的膽小鬼議題，自然關連到拉圖的名著 SIA，它可說是 ANT 當年的宣言，並與 STS 的社會建構派分家，不再強調、甚至要排除「社會」這個概念。它除了讓 STS 學界重視、並引起爭議外，也成功地引起一些 FSS 者的注意，筆者這裡再提到凱勒（1988）對拉圖之徹底競爭與對抗原則

（agonistic）的評論，這是 4S 學會邀請她在 1987
年年會的大會演講。雖然不否認競爭與對抗是科學
界（甚至在 STS 學界）的重要現象，但她不認為
這是 "the only game in town"（p. 242）。無論是「抗
爭」「動員」「經濟或軍事利益」「效率」「情感
需求」「真理」等等（p. 246），都不足以作為解
釋或描述複雜系統的唯一因果原則。其實，從凱勒
生物學的專長看來，無論在生物界、社會或科學界
這些複雜的互動系統中，都是很多的因素彼此互動
而來的。而科學界中局部的不競爭、掛免戰牌、甚
至轉移陣地，在科學史中也常見。名生物學家的凱
勒，注意到拉圖的競爭對抗原則，很類似達爾文的
生物競爭與最強者存活的學說。但是，即使在生物
界，光是物競天擇的論點並不足夠，後來達爾文也
需要提出「性擇」來解釋生物界更複雜的選擇交配
生育後代問題。而這些對社會複雜系統的理解，凱
勒覺得是性別研究這一、二十年來的研究成果。在
這裡，我們看到凱勒直接或間接地從性別研究與生
物學研究的角度，對拉圖的競爭對抗理論，提出批
評。

三、拉圖意氣高亢的批評，
　　與 FSS 人類學家馬丁的回應

　　拉圖在 1990 年發表了一篇意氣高亢而強硬的大書評，評論了三本書；第一本是 LAP，相當稱讚，但惋惜沒有走完該走的路，第二本是拉圖一直很景仰的法國思想家賽荷（Serres）的書 *Statues*，最後則是前面提到的 FSS 人類學家查薇克（Traweek 1988）討論高能物理實驗室的名著 *Beamtimes and Lifetimes*。雖然查薇克在書中對（前輩）拉圖頗為敬重，但是拉圖對此書卻大加批判。首先拉圖認為此書是基於涂爾幹的社會學理論（但查薇克 1992 否認），後者是拉圖走向新科學人類學的大阻礙，故要對之大肆批判。雖然查薇克符合了拉圖期待一個「勇敢的」人類學家所要做的事──對現代科學的核心做民族誌的研究，因為過去人類學家研究原住民部落，但不敢碰觸科學界的「部落」，但是除此之外，此書是徹底的失敗了。因為此書的涂爾幹理論框架是錯誤的，所以拉圖認為重要的問題，此書到結尾才提出來，而此書寫了很多其他的部分，拉圖都認為不重要。後來，人類

學家馬丁（1998, p. 24）也看到拉圖在該書評中寫
到「要人類學家進行有用的科技研究，幾乎是不可
能的」，於是，馬丁在 1994 年 4S 的大會演講中就
作了一個全面的反駁。[26]

在馬丁這篇引人的文字裡，她以三種不同
的意象來討論文化人類學如何思考科學：城堡
（citadels）、蔓延物（rhizomes）、花繩圖戲
（string figures）。首先，就城堡而言，或許傳統
上科學研究被認為在城堡裡面做，而馬丁瞭解拉圖
認為城堡內外是流動的，經營網絡、累積資源與打
造聯盟的科學家在城堡內外忙裡忙外。不過，這個
看起來像是個大生意人的科學家及其社群，馬丁說
如果我們把科學放到更大的社會與文化脈絡去看的
話，忙裡忙外的科學家意義就會改變，而非是個沒
有時間性、只有普遍性的描述而已（p. 27）。許多
知識的發展，不是只有靠各式各樣的科學家與專

---

26. STS 的健將拉圖，早年曾在非洲象牙海岸作社會人類學的
研究，對當時的比較人類學產生不滿。後來在他 1993 的 *We
have never been modern* 著作中，他重新檢討人類學的實作
並以科學人類學的名號再出發。人類學家馬丁，曾在漢學領
域研究，後來以科學／醫學人類學與女性主義著稱，名著如
Women in the Body（1987）、精卵的性別刻板印象（1991）
等。在 2019 她也獲得 STS 著名的 J.D.Bernal Prize。

家的網絡而已，而是科學家與許多文化很不同的人們、平民互動、溝通、對抗而來的，馬丁舉了Marfan symdrome 的病患家屬對科學家醫師（只顧累積科學知識，但卻沒有全心為病患好）的怪罪為例。這就是說，在 ANT 的天地裡，人類學的「文化」概念缺席了，這導致拉圖「行動中的科學」概念所涵蓋的範圍狹窄[27]。

然後馬丁再跳到德勒茲（Deleuze）的「蔓延物」意象[28]，它有點類似拉圖說的不變的移動物（immutable mobiles），但是涉及更廣、更具變化性，移動物有時成功地被組合與使用、有時則失敗。馬丁談到她當年對免疫系統、可塑性身體、還有施打預防針的研究。雖然官方要求施打預防針，但美國民間很多人不肯接種，前者像是公立教育系統，教育人體的免疫細胞如何警戒，但許多美國人則傾向私立的教育方式，透過各種社群來鍛鍊自己的免疫力。一個民族誌者，就是去考察田野中各種不同的免疫系統之蔓延與流動，她可能追溯到公眾

---

27. 見 Martin (1998), p. 28, 30。
28. 這裡以根莖植物為比喻的源頭，蔓延物也包括動物蔓延物，德勒茲舉了如老鼠、螞蟻等群體為例。

的複雜免疫實作與科學家的研究計畫彼此如何連結，但也可能追溯到另外的蔓延趨勢去。基本上，馬丁會寄望科學家與民間一般人的共同參與到建構蔓延物的過程中（p. 34）。不過筆者覺得，馬丁似乎缺乏一些詳細好例子來說明她這些科學人類學的構想。科學家如何與一般人合作、共同參與到科技與醫療發展的計畫中，STS 裡面有許多的辯論，涉及到專家與常民的定義與關係等，包括 2000 年後柯林斯等人重新思考專家、並引起 STS 第三波的辯論等，不曉得馬丁的後續考慮會是如何。

　　蔓延物之後，馬丁再引用了另一個意象：哈洛威（1994）討論過的花繩圖戲（string figures/cat's cradle）。花繩戲是個規則寬鬆的遊戲，一個人用雙手手指把一圈繩子或橡皮筋拉出一個多角的幾何圖形，再轉給另一個人的雙手手指，然後再加一些手指動作，如此可以串出或翻出一個新圖形，然後再給第三個人等，看新圖形式能否不斷出現，也可以競賽圖形到誰的手上就串翻不下去了。馬丁的含意是，這是個科學與民間文化彼此接力玩翻花繩的遊戲，而非如 ANT 說的由科學家在徵召其他人或某些團體、並同時轉換他們的利益等等。民間文化

或人民不是被動地被徵召，而有它自己的動力與方向，並在此過程中與科學因機緣產生互動，而且是有一搭沒一搭的，像是蔓延物在地上發展或只在地下伏流。馬丁知道城堡的意象不能描述科學，但為了要玩翻花繩，馬丁去找了一些「反對固定規律」的詮釋來說明科學的特性，如後期維根斯坦的說法、還有前 STS 時代的 Ludwik Fleck 的比喻、又如 LAP 所強調的生活形式概念（pp. 37-39）等[29]，為她最終的「蔓延物在翻花繩」的意象鋪路。是翻花繩這個過程，定位了文化與科學彼此的關係，而非由科學主動走出城堡，徵召與經營網絡。當然馬丁也找了些具體例子，仍然是免疫系統的比喻、AIDS 的社會情緒，由可塑性的身體不斷發展到如個人厭食、公司瘦身等。她看到整個美國社會文化都在免疫系統的意象中一起震盪，而非是被免疫學科學家徵召所致（pp. 40-41）。最後馬丁要改寫拉圖的名句「給我一個實驗室，我會舉起整個世界」

---

29. 馬丁在 STS 中的追溯與搜尋，有些地方也頗不到位，如她對孔恩及規則的說法。許多地方也如蜻蜓點水，包括對 Fleck、對 LAP 等。不過她這種對 STS 文獻作搜尋的努力仍然令人印象深刻。

成為：「給人類學家一個文化，我們會展示科學與
實驗室如何徹底地纏繞在其中」。

的確，馬丁努力地在 STS 中追溯與搜尋有用
的資源來配合她文化的意象，來向拉圖與 ANT 學
派展示，有另外一種科學的文化人類學，且與號稱
是新科學人類學的 ANT 頗為不同。這樣的努力很
可貴，也讓九〇年代以來美國人類學家更理解到
STS 的論點以及可以和他們互動的管道。但是，雖
然讓讀者有點眼花繚亂，當年的這種努力仍然顯得
有點蜻蜓點水，缺乏深入的翻花繩案例，也可惜沒
有看到馬丁認真地把她的重要著作 *Flexible Bodies*
（1994）拿來做更紮實更延展的的案例樣本。翻花
繩，似乎仍然停留在一個比喻的層次。翻花繩遊
戲，本來是哈洛威拿來企圖描述 STS 本身的活動
（見後），但馬丁將之借用來描述科學與文化二者
可能的互動活動。不過，筆者有點懷疑這樣寬鬆
的意象，真的可以用來描述 STS 的研究活動或系
譜史的發展[30]，或者如馬丁那樣來描述科學與文化

---

30. 或可參考張君玫（2016）詮釋哈洛威的努力。筆者的《STS
的緣起與多重建構》（2019），就是在撰寫 STS 前半生的
系譜史，很難想像可以用翻花繩的比喻來理解那個系譜史。

之間的互動。雖然孔恩的「解謎活動」概念也很寬鬆，但仍需要透過他紮實的科學史功力、並寫出一本經典的《科學革命的結構》，才能夠令學界印象深刻、影響深遠啊。

四、「對洋蔥敏感」的怪物向 ANT 提出批評

我們知道，FSS 學者史塔爾（Leigh Star）與 ANT 學者羅（J. Law）長期討論，讓羅理解到 ANT/STS 的問題與缺失，並協助羅編輯了《怪物社會學》（1991）文集，且在其中發表了她著名的〈對洋蔥敏感〉（1991）一文（簡稱〈洋蔥〉）。我們首先瞭解一下怪物文集的「導言」（Law 1991a）。在目前的脈絡下，該導言的有趣之處，在羅列不少 FSS 者對 STS 的批評，還有社會學與 STS 彼此的責難，包括社會學的傳統常對於技術議題的不重視。然後他半回顧式的檢討，認為過去 STS 的精彩著作，雖然科技研究是其主題，卻對社會上的痛苦、權力宰制下的下層階級、弱勢族群或性別，大多傾向忽略。在這裡，史塔爾的〈洋蔥〉論文就發

揮了很大警示的作用。但羅仍然認為，這個社會權力與資源分布不均，還有這個社會中存在很嚴重且被排除的異質性，例如罕見疾病患者這類被忽視與排除在邊緣的「怪物」等，在一個經過修補後的 STS 觀點下，是可以處理的。羅最後同情地說，我們都是極端異質的網絡，我們更都是怪物！（p. 18）可是也樂觀地說，我們也是對未來仍抱有希望的怪物。

史塔爾也是怪物，因為她對洋蔥敏感，所以在麥當勞買一個漢堡都十分痛苦，工作人員無法瞭解也無法服務她，最後只能由她自己來慢慢挑掉洋蔥。令往來開會十分忙碌的史塔爾驚訝的是，麥當勞可以服務素食者、可以處理其他偏好或宗教上的食物要求，但整個麥當勞企業卻不能處理對洋蔥敏感的問題。這令史塔爾感受到一種邊緣的經驗、一個被排除在網絡之外的位置。甚至還注意到一些徘徊在兩個網絡中間的身體經驗，如一位注射性荷爾蒙但尚未做變性手術的人「走到一個極度緊張的領域、感受到一個從未有的爆發經驗」（p. 45）。

〈洋蔥〉一文的精彩處，是發展出一些對 ANT 的批評：拉圖過去的討論重點往往是大科學

家如巴士德如何去建構、徵召一個成功而穩固的網絡，但是卻忽略了那些沒有被成功徵召、或被排除在網絡外的邊緣者。一個成功徵召、符合標準的網絡，也表示摧毀了過去的舊網絡、忽略了可能很多邊緣者的痛苦。於是，邊緣具批判性的女性主義者，如何去挑戰之前似乎成功的資本主義陽剛男性的網絡？甚至，如何在進出幾個不同的網絡中發展出女性主義者的力道？史塔爾的重點，不是去建構一個對洋蔥敏感的新社群或網絡來對麥當勞施壓，如素食者一樣，而是去保持那種徹底的異質性，永遠逃逸、顛覆，但仍然對標準化的結果維持一個關係，這不是反妥協（non-conformist），而是徹底的異質性。而這正是哈洛威的那游動於幾個世界（動物、人、機器人）之間的賽伯格之意義。但是沒有穩定社群支持的異質性有動力嗎？異質性的力道從何而來？

　　十分複雜而多義的「對洋蔥敏感」之重點，就是在探索這些邊緣異質的力道。她前後找了相當多的例子來強調流動於幾個網絡世界之外與之中的力道。從前面提到的介於兩性之間的變性人過渡，到為何一場音樂會通常兩小時、一幅畫通常是我們看

到的大小、科學家們通常在幾個社會世界中的穿梭工作（pp. 40-41），這些，都是好幾個社會世界的外在性（externalities）[31] 彼此扣合起來的結果。也就是說，一個個人，利用她在好幾個世界中的不同會員證，把這幾個世界不同的外在性好處統合起來運用，這就是異質性的力道。所以，說在一個網絡中的穩定化，和說在好幾個網絡之間的穩定化，那是很不同的。而在評論拉圖「一扇門的社會學」一文時，史塔爾敏銳地評論說，纏繞在人與非人的網絡世界間，情況可能是排斥與暴力（當技術成為障礙時），但也可能是延伸與培力，問題在於「對誰有利」？而非單純地就為「混同人與非人的世界」而歡呼（p. 43）。最後，或許是最有力的證據，史塔爾引用女性主義者的研究，說明了女性主義運動的教訓與理解，就在於集體的多重性（collective multiplicity）：女性主義最大的力道，就在於同時性（同時是局內人也是局外人），而非是只是被排

31. 此概念來自經濟學的外在性。一個成功的網絡，它會吸引網絡外的人加入、或暫時加入而得到一些利益。一個人可以規劃同時在好幾個世界間行走，企圖擷取幾個不同的外在性好處。見史塔爾對 Becker 還有杜威的討論（p. 50）。

斥在外的女人。

史塔爾的思考模式，跳躍多元而深入，又能將這些多元的觀點整合一起。她的異質性與多重性的看法，是 FSS 者中進出 STS、批評 STS 與發展可能新路相當精彩的一位。其實從這篇〈洋蔥〉論文中她所強調的異質性、那游動在幾個世界之間的怪物力道，我們已經可以隱約看到，她稍早在那篇著名的脊椎動物博物館論文（Star & Griesemer 1989）中所發展出來（位居於不同社會世界之間）的「邊際物」（boundary objects）的影子。只是史塔爾〈洋蔥〉論文中的怪物，比起邊際物有更深入到社會底層、邊緣與抗爭的意義，但是反之，如何把底層與邊緣的議題與科技或醫療聯繫起來，則是個問題，可能不如邊際物的概念在科技研究中好用。同時，和哈洛威類似，史塔爾對 STS 的評論，都是以當時拉圖引人注目的 SIA 為主要對象，她一方面挪用拉圖的詞彙與見識，但同時也深入批評到拉圖行動者網絡理論的基本問題。

不過，最後再回到前面史塔爾所說的「集體的多重性」，還有女性主義運動的力道議題。她所說的這個集體，究竟有多邊緣？從我們看得到名字的

FSS 或女性主義者，大部分都是有了大學的學術位置，同時透過網絡的連結與呼應，自然有些力量，但那是一種有某些同質性的主義與運動的力量，而非徹底的邊緣異質。一位科學家可以在好幾個實驗室穿梭工作、或有好幾張會員證的人，要什麼條件才做得到？這樣還算邊緣嗎？我們反而似乎看到菁英主義的色彩。何況，有學術位子的 FSS 學者，與運動中的女學生、家庭主婦們彼此所構成的「集體多重」，又是如何？她們能夠避開前面談陽剛男性之間的結盟問題，那些不同世代的物理學家或 STS 學者之間的多重關係問題嗎？尚可以進一步研究。

五、對話，還是沒膽子？

1995 年，國際 STS 學會的機關刊物 *ST&HV* 刊出了一個專輯，名為 "Feminist and Constructivist Perspectives on New Technology"，資深的 STS 人伍爾加為這個專輯寫了導言。*ST&HV* 為何突然要辦這個專輯，筆者找不到立即而具體的理由，可能是 FSS 近年來的逐漸發展而引起 STS 人的注意所

致？但大致可確定的是，與當時正在發展的「科學戰爭」（見下一節）沒有什麼關係。伍爾加在導言中提到近年來對於科技的理解，在其社會、文化、政治面上，有兩支研究取向，相當基進地不同於傳統的作法，一支是科技的建構主義論、一支是女性主義的。它們雖然都相當的基進，卻彼此很少「對話」，故伍爾加等才組織有了這個專輯。所以，目的是在對話，但有趣的是這個專輯中，除了資深的 STS 人伍爾加外，似乎沒有找到當年英美比較資深的 FSS 者進場。反而，與其說是對話，伍爾加與 Keith Grint 的 1995 主論文（G&W 為縮寫），「為什麼一些建構論者與女性主義者的膽子不夠大？」更像是場挑戰[32]。筆者找了專輯中由北歐女性主義者認真思考對話的一篇（Berg & Lie 1995）來做對比。一時之間，也有幾位 FSS 者被引導入了膽小鬼的辯論或對話之中，而不是只有男性研究者之間在玩的好勇鬥狠的認識論遊戲。

---

32. STS 中常見的膽小鬼譏誚，最初大概起於布洛爾當年（1976, p. 11）對曼罕的知識社會學不敢處理科學與數學的問題而發。

　　大致上，G&W 的論點，是以認識論論述本身的語言形式來分析許多建構論者的宣稱，如社會形塑了技術、如社會利益鑲嵌在科學之中、如父權偏見扭曲了科學知識等，都無法避免仍然有個被形塑、被鑲嵌、被扭曲的本質（真理或某實體的）存在，所以仍然存留著本質主義的殘餘，而非徹底的建構主義，所以與其說許多建構主義是反本質主義，G&W 反而提出「後本質主義」作為徹底驅除本質主義鬼魂的一擊。當然，G&W 知道，過去雖然 ANT 與伍爾加等指摘許多建構主義者在認識論上仍然是保守主義、膽小鬼，但是一些建構主義者與 FSS 者也反過來指摘 ANT 及其類似立場的反身學派（如伍爾加）在政治上是保守的，因為他們不再相信任何本有的實在、事實、甚至正義的東西，那麼，政治批判還有女性主義批判所依據的是什麼？這樣不就等於相對主義，如此為何還需要政治批判？但 G&W 反駁說，沒有批判，並不表示就沒有政治，而是另外一種政治。當 FSS 者欲做批判時，說是基於實在與社會事實，但是 G&W 強調，一個關鍵的 STS 研究成果，一個 STS 的共識，就是說所謂「真理」是科技爭議的結果，而非

其原因。我們在這裡不能訴諸自然真理[33]。故而，G&W 在這裡跳一步推論，政治批判也不能以真理為其動機或原因（p. 304）。

　　雖然不能訴諸真理，但這並非說，我們也不能訴諸社會，以某些社會因素或社會原因來解釋爭議的結束。在這裡 SSK 認為可以，ANT 則繼續推到底，認為所有的「社會解釋」均有問題。所以在這裡，其實 FSS 與 SSK 站在同一陣線，都會說，政治批判可以基於社會正義。G&W 想要拋棄批判，在 ANT 裡面並非孤例，拉圖（Latour 2004）後來也宣稱要拋棄批判，但也激起人文社會學界更多的反對。現在退一步說，即使 G&W 認為有另外一種不同的政治，那是什麼？有何案例呢？文中並沒有顯示出來。G&W 是有簡短地談及在生育政治上的一些議題，如羊膜穿刺技術、不孕症等，認為技術

---

33. 在 STS 上，這是 SSK 與 ANT 共同的論點。但注意這是關於科技爭議本身，STS 認為不能以真理（訴諸自然）來解釋科技爭議的結果。因為這裡的所謂「真理」是透過爭議的協商與角力而得到機緣性的結果，這個結果在爭議結束前不存在，故結果不能拿來解釋爭議結束的原因。G&W 這裡的看法，隱藏了在 STS 裡面一個重要的對「社會」的爭議。參考傅大為（2019），p. 258 還有 pp. 268-272。

物本身並沒有決定性的政治，那麼技術物的政治究竟是什麼呢？最後，G&W 也提了一些勇敢的 STS 人邁向後本質主義之路，如拉圖、伍爾加、羅等 ANT 人，甚至把 FSS 的哈洛威也拉進來，提一下賽伯格，但卻沒有認真討論她的研究。所以，整體來說與其說是「對話」，G&W 的論文讀來更像挑戰與徵召。

　　挪威的兩位 FSS 者，Berg 與 Lie（簡稱 B&L）在專輯中算是比較認真的思考「對話」的一篇。挪用 Winner 的名句（技術物有政治嗎？）為她們的開場「技術物有性別嗎？」，B&L 也挪用 Wajcman（1991）的書名而提出「feminism confronts constructivism」的企圖，不止是批評 STS 常見的性別盲點，並且也要看看建構主義能夠對 FSS 有什麼幫助，不會照單全收。但她們也同意一些 FSS 反本質主義的論證有些弱點。B&L 提出個有趣的問題，說建構主義者常忽略性別議題，難道是因為他們反對本質主義，所以不敢碰性別議題，深怕如此就會墮入性別本質主義的陷阱？但無論如何，B&L 對自己的期許是深入一場令人愉悅的兩難「一方面可以同意性別是社會建構的、流動而彈性，但

另方面作為女性主義者，仍然要堅持男女的差別」
（P. 343）。如此，B&L 於是提出她們覺得若要
讓建構主義與 FSS 彼此能夠真正對話，有幾個條
件：一，討論的領域要集中在 FSS 常強調的「使
用者」，以及質疑「技術對社會的衝擊」部分。
二，對稱原則：彼此要建立對話平台，並注意到彼
此的長處與弱點。B&L 然後再提到可以多談哈洛
威的賽伯格學（cybertology），因為賽伯格意象捉
住了那種「既要對二分法負起責任，但同時又想要
克服它」的張力與可能性。我們看到，B&L 一方
面強調本章前面「開場」談及技術研究時，FSS 的
一些立場，另方面，她們也強調一種「愉悅的兩難
（pleasurable dialemma）」，並詮釋哈洛威的賽伯
格也是這個意思。所以，她們並不重視前面伍爾加
等的論文強調在認識論上邏輯的一致性，反而喜歡
張力、可能性及其克服。伍爾加當然也看到這一
點，不過也只能驚訝且不解於 B&L 的選擇。

伍爾加等反身論者與 ANT，常強調認識論邏
輯上的一致性，並驚訝於一些 FSS 人並不如此[34]。

---

34. 參考傅大為（1991）第四章討論拉圖的部分，筆者提到拉圖
　　的 fundamentalism 的傾向。

這個驚訝，有點像當年歐洲的社會人類學者到非洲阿贊德部落，觀察到平日十分實際而理性的阿贊德人，也有不合邏輯的時候。但這個問題，過去 SSK 的元老布洛爾早就對稱性地處理過。邏輯的一致性，不是社會生活中的一切，例如「人不該謀殺別人」與「轟炸機的空軍駕駛不是計畫殺人」兩個說法衝突的問題，而有時有更重要的問題，如維持社會功能等。

六、科學戰爭（1994-98）—— 從 FSS 者與 STS 人被認為是陰謀的同夥人談起

九〇年代後期，歐美人文社會學界出現一個重要的辯論「科學戰爭」（Science War），而在這個辯論脈絡裡，FSS 者與 STS 人卻逐漸形成了一個新關係。一般而言，科學戰爭從生物學家 P. Gross 與數學家 N. Levitt 合寫的 *Higher Superstition: The Academic Left and Its Quarrels with Science*（1994）（簡稱《高級迷信》）掀起對所謂學院左派的論戰開始，兩位作者批評這些人其實根本不懂，但卻要嘲弄真理、批判科學。而到 1996 年由物理學家

索卡（Alan Sokal）以一篇貌似恭維後現代科技研究的假論文（其中的科學純為杜撰胡扯，後現代這裡常指社會建構與相對主義）投稿文化研究期刊 *Social Text*（47/48）而獲刊登，於是索卡在另一個期刊披露他的木馬病毒，認為那證實了人文領域中夸夸其談科學的虛矯與問題，導致學界譁然，是為科學戰爭的高峰。誰是所謂的學院左派呢？被指稱的有後現代左派、文化研究者、FSS 者、STS 人等 35。而在「高級迷信」一書中，被攻擊的 FSS 者達到全書分量的三分之一，而被攻擊的 STS 人則更多。之後，邀集哲學家、歷史學家與科學家們再次認真攻擊所謂學院後現代派而於 1998 出版的 *A House Built on Sand: Exposing Postmodernist Myths about Science* 一書中，18 篇論文裡，四篇針對 FSS 者，兩篇高度相關，所以也幾乎達到了三分之一，

---

35. 在當期的 *Social Text* 的作者群中，FSS 者有哈定、馬丁、Hilary Rose、Ruth Hubbard，還有 FSS 與 STS 雙棲的查薇克，但一般的 STS 人較少，只有符勒（S. Fuller）、D. Nelkin、L. Winner 等。該期的整體陣容，除了 Sokal 那篇木馬文之外，不可謂不強。但在 *Higher Superstition* 一書中，被批評的 STS 人就多了。施放木馬病毒的索卡則自認為是正牌的老左派。

其他則大部分針對 STS 人。所以，在這些憤慨的
科學家及其聯盟的心目中，FSS 者、STS 人幾乎成
為了「陰謀的同夥人」，而這也不只是反科技研究
的科學家有如此的印象。說 FSS 者與 STS 人對科
技有類似的立場 —— 不論好壞，可能是當年的一
般印象。但科學戰爭，絕對是強化了這個印象。話
說回來，我們今天如何去評價當年的科學戰爭？從
STS 或 FSS 的立場而言，那些科學家的憤慨之論當
然是可議的，但這並非本文的工作[36]。倒是在科學
戰爭中，本文的主角 FSS 者與 STS 人幾乎是被送
做堆的情況下，雙方如何處理彼此的「新關係」？
則是本節主要關注的對象。

　　對哈洛威而言，所謂學院左派陰謀的指控，
反諷在於「左派如果真的團結就好了！」[37] 有趣的
是，在科學戰爭中被強烈攻擊的 FSS 者，如哈定、
哈洛威，倒是很少直接地作反擊。哈洛威（1977）

---

36. 台灣過去從一些文獻去爬梳科學戰爭、並從科學哲學的角度
去評價此一戰爭，可參考陳瑞麟（2005）。對於《高級迷
信》及另一本《知識的騙局》二中譯本的討論，可參考陳信
行（2002）。

37. Haraway (1997), p. 283, n. 17. 但此書整體而言，除了在兩個
註腳對科學戰爭有概念的說明外，並不重視。

對科學戰爭的議題並不重視，而因為對牛頓有點不堪的評論更激怒了科學家的哈定，也沒有什麼反擊，反而是科學史家如 Hart（1996）看不下去了，批評《高級迷信》的斷章取義已經到不可置信的地步[38]。當然，也可以說哈定那時候已經有了新的議程，更為重視國際以及與南方國家的 FSS 結盟（Harding, 1998 *Is Science Multicultural?*），還有對 STS 相關研究做些綜合以及朝國際／後殖民發展的工作，[39] 並無特別去討論科學戰爭、或企圖與 STS 做更具體的結盟。

回到這個「如果真團結起來就好了」的反諷，我們可以藉著加拿大 FSS 者 Emma Whelan（惠冷）稍晚的一篇詳盡的討論（2001）來追溯。大致上，在科學戰爭的脈絡中，一些 FSS 學者會希望 STS 人能夠多注意到 FSS 的成果，進而形成一種聯盟，如 FSS 的蘿斯（Hilary Rose）從結盟的角度所寫的 "My enemy's enemy is–only perhaps–my

38. 見 Hart (1996), pp. 266-270。筆者感謝哈定提醒筆者注意到此文。
39. 這裡可參考哈定 2011 所編的 *The Postcolonial Science and Technology Studies Reader* (Duke)。

friend"（1996）一文。蘿斯先分析了柯林斯與聘區
（C&P）所寫的 *Dr. Golem*（1993）當年在英國所
引起科學家的批評與討論。蘿斯其實同情 C&P 的
立場，但對他們的措辭與相對主義則表達不滿。
而在科學戰爭的脈絡下，她對 C&P 還有 SSK 沒
有肯定 FSS 成果也很不滿。例如凱勒寫遺傳學家
麥克林托克的著名傳記 *A Feeling for the Organism*
（1983），連 *Science* 與 *Nature* 這種頂尖的科學期
刊都發表了書評，但 STS 的主流刊物 *Social Studies
of Science* 卻無討論。蘿斯說就連拉圖，也要到他
1993 的《我們從未現代過》，才開始對哈洛威的
研究表達了熱心的好評價。但筆者看來這顯然是
「過譽」[40]，而伍爾加則要等到 1995 與 Grint 的合

---

40. 見 Ross (1996), p. 93。為何 SSS 當年沒有麥克林托克傳記
    （1983）的書評，筆者不清楚，或許早年的 SSK 在基因科
    學上的專長者很少，所以無法寫？另一說，可能是因為凱
    勒的傳記一開始是以訪談麥克林托克的文章刊登於 *Harvard
    Magazine* 雜誌（1974），所以沒有引起太多注意，或可參
    考。至於說拉圖在「從未」一書中對哈洛威的好評價，顯然
    是蘿斯的過譽，因為拉圖似乎只是在兩個地方（p. 47, 100）
    輕輕提到了哈洛威的兩本著作，沒有討論，如是而已。但即
    使拉圖輕輕提了一下，就在 FSS 中獲得好評，問題可見一
    斑。

著才開始對話與挑戰（前面評論過）。不過，蘿斯的評論比較是印象主義式的，若從惠冷的蒐羅來看，在 1995 年科學戰爭的時代裡，的確頗有一些其他的 STS 人開始討論到 FSS，超過拉圖的程度，但當然仍常不能令 FSS 者滿意，因為篇幅有限，我們就不在此一一回顧。惠冷的觀察是（p. 558），這些 STS 的討論大部分都是認識論角度的評論，而且常企圖把 FSS 的研究內容區分為政治性與分析性二者，再把政治性的畫入括弧存而不論。她說這些 STS 人很有趣，雖然常認為所有包括政治的科學實作都混同在一起，但對 FSS 者卻以常見的一種「劃界工作」來區隔她們，政治與科學實作卻不能混同。[41]

關於結盟的議題，惠冷最後的結論很有趣。目前科學戰爭相關的社群有三方：不滿的科學家、FSS 學者、STS 人，前者對後二者很不滿，認為後二者（陰謀）聯合起來要打擊前者。當然不少 FSS

---

41. 一個說法是，STS 在（廣義的）政治上本來就是保守的，包括性別政治。但這個說法似乎以偏概全，忽略了 STS 系譜史上的複雜多樣性。可參考傅大為（2019）第六章第四節以及第七章。

學者希望 STS 能夠與她們結盟，特別是一些 FSS
學者感到 ANT 強調了科學如何透過實作的諸種網
絡策略，進而成功與推廣，這正是許多女性主義
者希望在性別領域中也能實踐的[42]。但是，或許沒
有那麼行動與政治取向的 STS，會同意和 FSS 結
盟？結果反而可能是與 FSS 保持距離，並說服與
安撫科學家的憤慨，讓科學大社群能夠接納 STS，
並讓 STS 再度成為「理解科學」的權威？也就
是說，STS 人可能不會選擇與 FSS 結盟，反而與
FSS 的敵人彼此會和解。惠冷最後引用了拉圖在
Pandora's Hope（1999）中安撫科學家與表達 STS
的委屈的文字來說明這種可能性（p. 3）：

> 我曾經天真的想，〔誰是〕科學忠實的
> 同盟者？……是我們 STS 人，過去夾在

---

42. 即使 ANT 對批判的興趣很小，惠冷認為自己及一些「社會
世界論」者對 ANT 的興趣，大都是因為對結盟與行動策略
的興趣有關（Whelan, p. 566-567）。但這是否是一些 FSS
一廂情願的看法？許多批判性的觀點並不贊成這點。另外若
提及集體行動的研究與策略議題，社會學裡面研究很多，如
STS 社會學家 Steve Epstein 研究愛滋療法運動 ACT UP 等團
體，見 *Impure Science*（1996）。

兩種文化中間的無人地帶，一直被批判戰鬥者、社運者、哲學家、社會學家、以及所有恐懼科技的人所攻擊，正是因為我們對科學事實的內在機制有興趣。我問我自己，誰能比我們更愛科學呢？——正是因為我們這個小部落努力學習去把那些事實、儀器、理論一一打開，探索其中所有的根莖、血管、網絡、與蔓延物等。

　　和下面柯林斯所主導的多位 SSK 人一起與質疑 STS 的科學家們集體對話不同，拉圖透過 *Pandora's Hope* 的文字，更像是他委屈的自白，而沒有聯合 STS 或 FSS 學者。

　　這樣的一種與 FSS 保持距離的傾向，是否也在科學戰爭的尾聲中，由另一種 STS 尋求和解的方式呈現出來？我們看柯林斯和 J. Labinger（C&L）在 2001 年合編的 *The One Culture? A Conversation about Science*。它是在科學戰爭的尾聲中，一個企圖超越謾罵、回復到傳統對話與討論的重要努力：希望一方面去注意對方的優點，然後再來進行批評，也就是一手執劍，一手握著橄欖枝（p. ix），

而來求得戰爭之後的對話與和平[43]。到最後成書時，共十五位作者，其中有六位 STS 或科學史家（大部分均是著名的 SSK 人[44]），七位物理學家（包括兩位物理諾貝爾獎得主、還有索卡），一位跨上述兩個領域，一位化學家。基本上，兩方面的成員同質性均高，整個開會的過程是，大家先一起郊遊，然後才開會，而討論的過程分說明立場、評論、與回應三個階段，兩方各自輪流發言。根據 C&L，整個過程相當的順利。辯論的基本原則是，當批評一個人時，如果沒有先認真認識對方，並理解其立場，則在學術上是不可原諒的。

　　回到本文關切的焦點，很遺憾的，*The One Culture?* 執筆的成員中沒有 FSS 學者。為什麼呢？C&L 的解釋（p. 8）是，為了要讓討論聚焦，兩方面參與成員所共享的觀點越多、越清楚越好，如此的討論才能深入而有進展。所以人文／STS 方面，找的多是 SSK 人，科學家方面基本上找的多是物

---

43. 這個文集最初來自 1997 年英國的 Southampton Peace Workshop，C&L 覺得整個編輯的過程大家都非常合作、彼此瞭解。
44. 聘區、柯林斯、謝平，還有 M. Lynch, P. Dear, J. Gregory and S. Miller。

理學家。但 C&L 提醒說，人選有這樣的限制，純粹是因為上述實用上的考量，而「不應該」將之解讀成對 STS 中其他流派隱性的批評，例如語藝學、ANT、還有文化研究等 —— 雖然其中一位編輯覺得 SSK 比另一流派較好、且寫過批評文字。當然，柯林斯等在這裡解釋對參與成員的限制，比較是公開而形式性的，不若前面拉圖的明白意圖。但是，或許就 FSS 與 STS 交流或甚至結盟的結果而言，仍然是差不多。

但是無論如何，即使在口頭上不會承認，在論文引用與學術辯論上還不會交流無礙，不過在科學戰爭的結尾，我們的確看到越來越多的 STS 研究與 FSS 彼此「同框」、共同分享類似的分類範疇、共同出現在 STS 編輯的書籍甚至學門手冊（Handbook）之中。當然原因可能很多，但我們也不能否認科學戰爭中送作堆的效果，讓筆者這裡進一步列出同框的例子。首先是 1995 的 *STS Handbook*（與科學戰爭沒有具體關係，已籌備多年，但對個別作者則未必完全沒有），其中比較 FSS 角度的，大致也有四、五篇（總數二十八篇），雖然編者強調有很多性別研究者的投稿。

其次是 *The Science Studies Reader*（1999），由 M. Biagioli 所編，從 Biagioli 編此文的序言，"Power differentials" 一節來說，此讀本的確是與科學戰爭的背景有關，是另外一種重整 STS 的企圖，特別是找了好幾位 FSS 者的加入（三十六篇中有六篇），甚至在編輯顧問上，五位顧問裡有三位是 FSS 學者（xvii）！[45] 但他並沒有找科哲學者進來，即使此書是紀念他老師科哲名家費若本的。另外，D. Hess 的 *Science Studies: An Advanced Introduction*（1997）雖然沒有特別女性主義的章節（這要等到 Sismondo 2004 *Introduction to STS* 才有特別的章節），但是女性主義與性別的議題分布在許多 STS 相關章節裡。此書對科學戰爭有很大的關切，可說是回應科學戰爭而重新構思如何在彼時的氣氛下介紹 STS 的書（不強調對立，而是民主社會下 STS 與科學家一起關切科技與價值）。還有，雖然沒有特別提起科學戰爭，Galison & Stump 1996 所編的大書 *The Disunity of Science* 中，FSS 論文起碼三

---

45. 見 Biagioli (1999), p. xvii，三位 FSS 的編輯顧問為哈洛威、馬丁、與查薇克。

篇，特別是在「權力」一節中，在這裡，哈洛威把她原來在 1993 年加州某會議宣讀的論文 "Modest-Witness" 一文修改後刊在這本 STS 與科學史的重要文集中，後來再放在她 1997 *Modest_Witness* 名著的開頭，這是哈洛威重要的跨越領域介入。名科學史家 P. Galison 對 FSS 也開始注意，而且導言裡面對哈洛威作了三頁不錯的說明，這在 STS 人裡面已屬少見。[46]

最後，前面提過，哈洛威的 *Modest_Witness*（1997）在 1999 獲得國際 STS 學會的 Ludwik Fleck 專書獎，她在 2000 年又獲得 4S 學會的年度 J.D. Bernal 獎（可說是終身成就獎）。而在她之後，到 2018 為止，十八年內共有九位女性獲得 STS 終身成就獎，其中許多都是著名的 FSS 學者，但在哈洛威之前，從 1981 年開始，只有兩位女性獲獎，且與 FSS 的關係不大，可見一斑。就這一點而言，

---

46. 一個印象式的說法是科學史界對性別議題大概比 STS 界更為重視，但這個問題尚待實際的研究來證實，而且科學史界的歷史比 STS 要更久遠。若以科學史界的重要獎項 Sarton Medal 來粗略估計看看，從 1955 開始，第一位得獎的女性是在 1979 年，而到 2020 年為止，只有七位女性得獎，且不見得集中於與性別相關的科學史。

Modest_Wtness 在 2018 年出二十年版，開頭刊登了一篇古德芙（Thyrza Nichols Goodeve）訪談哈洛威的文字，哈洛威終於說：

> We were all youngish feminists inventing feminist science studies in those years. Feminist science studies have never been defined as a discipline or profession. They are and were a science justice movement. Sandra Harding was the first clearing the ground. So, it is no surprise in the Society for Social Studies of Science as of 2015 three women of my age: Sandra Harding, me, and Adele Clarke, all have been given the highest honor of the society–the Bernal Prize.

但哈洛威沒說的是，FSS 從上世紀八〇年代就開始企圖介入 STS，還碰到許多問題與挫折，要到了 21 世紀哈洛威才開始被高度肯定，到了 2018 年，哈洛威這裡特別提到與她類似年齡的三位。但如果包括更廣泛的來說，是本書前面討論到的七位

FSS 學者，在 21 世紀的前二十年獲獎，相當高的比例：哈洛威 2000 年是第一位被 Bernal Prize 肯定，接續的是技術史家柯望 2007 年、生物學史家凱勒 2011、醫療社會學家克拉克 2012 年、科學哲學哈定 2013 年、文化人類學家馬丁 2019 年、科學人類學家查薇克 2020 年。甚至到了 2021 年，則有前面討論 STS 技術研究時提到的 FSS 學者巫秀得獎。

不過，話說回來，STS 學會裡面的 Bernal Prize，估計可能也有其複雜性與不穩定性。如近年來的得獎，通常是由會長提名幾位跨世代的 STS 人成為當屆的 Bernal Prize 委員會，再由裡面的委員彼此提名與辯論而得出的得獎者。但早期的得獎者，若從 1985 年以後 STS 社群已趨成熟來說，有幾位得獎人不見得在 STS 領域裡面常見，而是在鄰近領域裡的領導者。所以他們得到 Bernal 獎，或許可能有某種 STS 與鄰近領域的外交結盟的味道？如前面筆者提過當早期 science studies 擴充為 STS 的 1980 年代後期，STS 與國際的技術史學會（SHOT）彼此互相接觸與支持，頗為頻繁[47]，而

---

47. 參考筆者 "STS and History of Technology" 手稿。

1990 年 STS 的 Bernal Prize 則由技術史學界的大師級的 Tom Hughes 得獎，1991 年也由技術史學會的長期領導人 Melvin Kranzberg 得獎。那麼，我們可以問，長期在 STS 領域裡面比較不被討論或引用的哈洛威，在 2000 年可以得獎，是否也代表著 STS 與 FSS 兩個學界領域某種形式的開始結盟？這個議題，會在本書後面幾章再出現。

七、幾點進一步的評論與反省

本章前面討論了 FSS 介入 science studies 的幾條路徑後，讓我們來做幾點進一步的評論與反省。九〇年代 FSS 者開始對 STS 的介入與批評，特別在 science studies 的部分，除了哈定對強綱領致意外，她們對 STS 的注意，涵蓋的範圍也比較是在 STS 裡面的 ANT 流派以及企圖與 FSS 對話的伍爾加，當然哈洛威還深入評論到 SSK 中謝平與夏佛的名著 LAP。這當然有好幾個原因，我們先回顧與評論一下。首先就哈洛威而言，部分是她生物學的背景與對動物乃至靈長類的興趣，使她較早就對拉圖企圖把「人與非人」「自然與文化」打成

一片的努力感到興趣，但後來她更曾企圖把科技研究（主要是拉圖與 ANT）和文化研究、女性主義研究三方面連繫起來，不知道這是否也是九〇年代後結構主義甚至後現代主義流行下的一種發展。這可以參考哈洛威嘗試把 STS 裡面常引起的論戰，替換成一種翻花繩遊戲。她建議一個結合科技研究、文化研究、女性主義研究（含多元文化、反種族主義等取向）三條路徑的「科技／社會」計畫（technoscience projects）[48]，而這就是一種把三條路徑、三條繩子纏在一起變出許多花樣的翻花繩（cat's cradle）遊戲（Haraway 1994），前面馬丁曾經借用過。但筆者懷疑，這個靈光視野，幾乎是不可能的任務。

　　或許女性主義者可以質疑，筆者討論 STS 與 FSS 的關係，套用前面第三節馬丁的比喻，是否是將之看成兩座城堡，或起碼是兩叢有祖宗牌位的樹

48.「Technoscience」不是一般的「科技」，勉強翻成「科技／社會」，此詞始自拉圖的 SIA，為了是要打破科技與社會的區別，社會不再站在科技的後面，來解釋科技中發生的事。後來哈洛威自己也再將之複雜化，加入不少批評拉圖的元素，見 Haraway (1997), pp. 279-80 的解釋。

狀系譜（family tree）？當然這樣不但不是事實，而且讓 STS 與 FSS 做無礙的對話與交流的可能無望。或許應該把此二者看成沒有內在階層關係的兩叢蔓延物（rhisomes）[49]，彼此可以進行翻花繩遊戲的對話。筆者的一個回應是，就 FSS 而言，筆者前面已經將之看成一個有歷史傳承與活躍發展的網絡，也就是一個有歷史的蔓延物。就 STS 而言，根據筆者的研究（2019），也是有歷史傳承的網狀系譜（傅科所說的系譜），裡面有不斷的對話挑戰與爭論，如前面提到的膽小鬼的爭論。即使如此，STS 與 FSS，都對科技有深刻的興趣，但仍然多少是兩個社群，而非一個大社群或大蔓延物——起碼 STS 是如此看，FSS 如哈洛威，有時也如此看，但有時則覺得 FSS 也該是 STS，可是過去 STS 卻對 FSS 沒有認真對待、沒有高度評價[50]。

但從很多跡象顯示，這兩個社群其實各有自我

49. 這裡要注意，雖然網絡蔓延物沒有如家族樹有明顯的階層關係，但是一叢蔓延物卻常有網絡的中心與邊緣的分布，仍然可以是種權力的分布，即使中心會移動。

50. 感謝張小虹在文哲所的討論會中對筆者本書手稿提出的質疑。

意識，有其各自的歷史傳承，有其主流期刊（FSS
在這裡則比較模糊），也把對方看成一模糊的對話
對象，是個彼此有類似研究對象的姊妹領域，但有
時也有些分庭抗禮的傾向。所以，若要二者進行翻
花繩的遊戲，仍然有其困難。因為一是二者沒有認
識到「同一套花繩」，也就是要有同一套研究對
象與成果，且彼此閱讀與瞭解對方的成果（但 FSS
瞭解 STS 的確較多），若非如此，又如何能夠翻
的是同一套花繩？頂多只是各自翻自己的花繩。其
二是誰能夠參與這個翻花繩的遊戲？不可能沒有任
何加入遊戲的資格限定，畢竟大家都忙、有太多的
事要做。所以只要有遊戲，就有被排斥在遊戲規則
之外的個人或社群（如抱怨參與人數已經過度擁
擠），想想前面討論〈洋蔥〉的「邊緣性」就可以
理解。所以說翻花繩是寬鬆而多人可以隨時加入的
某種無階層的開放性遊戲，筆者有其保留，特別在
目前本章「介入」的脈絡裡。

我們再回到 FSS 對 STS 興趣之所在這個議
題。在上節討論科學戰爭中，FSS 者惠冷等人也都
意識到，基於對婦女運動的策略與結盟議題感興
趣，使得 FSS 者對 ANT 強調結盟與發展的面向較

有興趣。不過,當年 STS 的另外一支 SSK,又有什麼社會運動與結盟的議題呢?除了早年 science studies 時代「科學家的社會責任」運動、歐洲的反核運動之外,就是後來在雷根年代的反核反冷戰,並結合科技史史家的「新當代批判意識」,再加上愛滋療法運動等,雖然一些 FSS 人也參與,如凱勒,但這種結盟議題的戰線很廣,女性主義運動不容易成為其主要或唯一的盟友。所以雖然 STS 裡面頗有些人認真於社會運動的面向,但與女性主義運動的方向重疊性有限[51]。

我們還可以反過來問。雖然 FSS 者開始介入 STS 時,比較多的注意力放在 ANT,對之常做評論與質疑,但是反之,ANT 人當年究竟有多少受益於 FSS 者的評論呢?除了前面提到的羅外,恐怕很少。一些 STS 人是努力閱讀了一些 FSS 的研究,但很少成諸於文,恐怕更少在論文中做深入的研究討論了(即哈洛威所說的「不對稱」[52])。而當

---

51. 關於 STS 在 20 世紀後半葉的一些相關的科技、醫療社會運動,參考傅大為(2019)第七章。

52. 見 Haraway (1997), p. 35。

FSS 對第一、二代 STS 人進行批評討論時，為何那些成名的 STS 人反而無法閱讀 FSS[53]？或許，STS 裡面各種內外爭議本來就頻繁，包括對外要應付來自科哲的挑戰，所以他們一些人感到 FSS 者常過於「政治」，自己無法參與，或過於「大論述」，與 STS 的「在地主義」（localism）不同[54]，自己無法認同。另方面也找藉口表示自己對女性主義研究不熟也非專家，故頂多待之以禮就是了。但無論如何，在一個性別平權的新時代，STS 的確應該認真對待哈洛威說的「不對稱」，特別因為哈洛威已經對 LAP、還有史塔爾對 ANT 都做了深入批評。

話說回來，筆者也替 STS 抱怨一下。或許除了早期的哈定、還有哈洛威（1997）曾仔細討論

---

53. 根據筆者前面的觀察，比較認真與 FSS 者合作的，大概只有聘區（技術研究）與羅（怪物研究）了，而雖然伍爾加、皮克林（A. Pickering）也曾認真讀點 FSS 的研究，但離合作的可能仍甚遠。

54. STS 的在地主義常與女性主義的論述不同，這是謝平在前面討論哈定時提過。STS 的研究，常對一個地方的科學儀器與理論做深入的在地建構研究，如 LAP 討論倫敦皇家學院的空氣泵浦實驗，並不想馬上跳到科學的普遍性議題上去。但 FSS 學者如哈洛威難道就沒有在地主義的論述嗎？可見本書下面兩章的相關討論。

過 LAP 之外，九〇年代以來的 FSS 者，對於 STS
前半生中的主流 SSK 之論點，討論都少。特別是
1984-85 年代，是 SSK 取向豐收的年代，出現了包
括 LAP 在內的幾本以科學史為主的經典之作（特
別見筆者 2019 第五章），而到之後 ANT 的興起
與爭議，激起了相當的 SSK 人對 SIA 評論，包括
夏佛對拉圖的法國巴斯特（Pasteur）研究的批評，
並再晚到了 1991 年，在 STS 領域裡面則掀起了
ANT 與 SSK 的重要論述戰爭（Pickering 1991），
也就是有名的認識論的膽小鬼之戰。但是令筆者驚
訝的是，當年除了少數 FSS 學者外，一般 FSS 者
對 SSK 的注意頗為稀薄，對知識論的膽小鬼之戰
也興趣缺缺 [55]。何況，八〇年代後期是要深入理解
STS 前半生的關鍵時期，但卻很少被 FSS 者深入研
究。所以筆者傾向於認為，FSS 者從八、九〇年代
開始對 STS 的介入與評論，儘管有零星的深入討
論，但仍比較算是一種「半外部」（semi-external

---

55. 這裡指的少數者，除了哈洛威之外，還有哈定對 SSK 也頗
　　為長期注意，再加上 Potter（2001）。而前面討論過的惠冷、
　　還有辛格頓（V. Singleton 1996）也對膽小鬼之爭議有些研
　　究。

criticism）的批評。

筆者覺得，FSS 者們對 STS 的半外部批評與對話，如果目的是要改變 STS 的發展方向，甚至去改變 STS 人，那麼功效恐怕相當有限。當然，當年 FSS 者去介入 STS，主要的目的大約也是要增強 FSS 本身的研究力道與發展，而非是去改變 STS。FSS 者對 SSK 與 ANT 的基本爭議，如自然與社會是否有個大鴻溝、如 SSK 是否把「社會」就看成一個絕對或具超越性的東西、如人與非人是否是個很不同的範疇等議題，似乎常是在沒有什麼討論下，部分 FSS 學者就簡單接受了 ANT 認識論的前提。所以她們對 ANT 的批評，常是在接受這個前提之後才開始提出「進一步」的批評。所以很可惜，SSK 的觀點與成果並沒有被 FSS 學者廣泛地認知與評論。

最後，本節的反省，主要是回顧了本章前面，除了開場白的技術研究外，六節六種 FSS 介入 STS 的路徑，並做些分析與檢討。本章基本上是歷史性地描述了幾種 FSS 介入的路徑與情境，並適時進行一些分析與評論。有時隨著文意之所至，可能提出類似某種局部性的解釋，但本章並無系統性地提

出一個綜合性的解釋，也沒有那個企圖 —— 無論是為何 FSS 有時要積極介入 STS、或是為何 STS 是那樣的冷回應，畢竟那是個問題意識，透過問題意識的提問與指向，而得出新的議題發展與新觀點。

不過，在描述與關切 FSS 對 STS 的介入過程中，筆者相信已經在各節中讓讀者更瞭解了問題意識的深度脈絡、還有那個時代中 FSS 者對 STS 的多重介入、在某些情況上的分庭抗禮、以及後來與 STS 人分享一個有點遲疑的、和而不同的（混同）的未來。

第三章

STS 如何反過來
介入《靈長類視野》

我們知道，當年哈洛威出版了十分風行的 "Manifesto for Cyborgs"（1985）戰鬥宣言，其中的賽伯格，可以流動於動物、人、與機器之間，無視於傳統本質主義所劃定的動物／人／機器的範疇。而在賽伯格出世幾年後，哈洛威磨練多年，正式出版了她近五百頁寬頁面的真正巨著 *Primate Visions: Gender, Race and Nature in the World of Modern Science*（1989），它大概是八〇年代女性主義科技研究最有企圖與分量的專著。哈洛威是生物學博士，熟悉靈長類學，所以 *Primate Visions* 一書，似乎就是來觀看哈洛威如何處理一個近乎她的本業的好例子。不若哈洛威的賽伯格宣言、或是她的許多短打論文，充滿各類的學術術語與文學修辭譬喻，往往簡潔抽象而不易理解，但 *Primate Visions* 一書聚焦於靈長類學的當代史，理論上應該不會天南地北，而且該有著類似科學史似的經驗研究素材，應該是 STS 人頗可以閱讀與評價的經驗研究。如此，也就是本書在討論當年「FSS 如何介入 STS 領域」後的下一個自然而對稱方向的研究「STS 人如何評價 FSS 的經驗研究」的理想對象。

筆者選定素負盛名的哈洛威作品，一個重點也

是因為她是 FSS 社群裡第一位獲得 STS 終身成就獎 Bernal Prize 的女性主義者。在這樣的前提下，本書這一章的主題也就終於浮現。何況，哈洛威在長年定居於加州，執教於加州大學 Santa Cruz 分校之前，是任教於 Johns Hopkins 的科學史系，一個過去被認為與 STS 關係密切的學門，所以我們的期待也是有其道理的。

哈洛威在開始進行她的「靈長類視野」（*Primate Visions*，簡稱 PV）巡視之前，先說明影響她書寫的四個誘惑、四種資源。她不能完全屈從於一種誘惑，那很危險，但每一種誘惑都具說服力、很培力。她進入靈長類學這個論述的方式，就是在四種彼此競爭的敘事場域裡說靈長類學的故事，保持某種平衡，小心不完全陷入某一種敘事裡面。這就是她進入當時科學知識的社會建構辯論的取徑。

這四種誘惑或資源分別為：一、STS，哈洛威舉拉圖與伍爾加第一版的 *Lab Life* 為例。二、馬克斯主義傳統。哈洛威堅持說，無論是社會或自然科學，都可以有比較不扭曲的內容與方法，所以，馬克斯主義、女性主義、與反種族歧視立場，都反對

她所認為的 STS 相對主義的傾向[1]。三、就是科學家們召喚的誘惑。基於她自己的專業訓練與政治承諾，她相信科學家，也要回應科學家的說法。但除了科學家們之外，她也要傾聽靈長類生物們自己的聲音。猿猴和靈長類學家們都是作者。四、此書她的視覺系統，是基於全球近代科學建構中複雜的性別與種族的歷史。所以她特別要透過女性主義與反種族主義所培力的政治與理論，來檢視包括靈長類學的各種文化生產。

從這個起手式，我們看到哈洛威如何去克服她在類似時空中寫「情境知識」（1988）時所碰到男孩們的陽剛遊戲而感到的困惑。或許在四種誘惑中保持平衡，可以讓她從「攤在實驗桌上的多重人格錯亂者」重新站起來再出發[2]。

不過，當我們開始進入 PV 的熱帶叢林文本中，很快就會被書中極度繁複的文字、至少十幾種

---

1. 哈洛威這個時期對 STS 的認識是正在進行各種科學知識社會建構的辯論，有很強的 SSK 色彩。她並沒有意識到 ANT 即將誕生，而以「前－ANT」的 *Lab Life*（1979）第一版為例。與哈定類似，她也認為強綱領有相對主義的傾向，但筆者並不同意，見前一章。

2. 見本書第二章第二節所引哈洛威的困惑。

靈長類學的理論、活躍多變的措辭譬喻、註腳又時而冗長難解的情況所震攝。因為這本巨著，不可能在目前這本小書的規劃中做比較詳細的評介，除了目前筆者打算選其中幾章特別適合與 STS 對話的為例，作為討論對象外，本章的後面，則企圖會從本書豐富的書評資源來入手，協助理解此書與為此書作定位。畢竟，PV 出版於 1989 年，當時藉著她十分風行的賽伯格宣言（1985），哈洛威已經是美國文化界與女性主義界的著名女性主義者，她的 PV 巨著，自然引起相當的期待與注意，從各種不同類型的書評，我們也可以參考此書何處特別與 STS 有對話的可能。

一、泰迪熊父權

女性主義生物學史家福斯特・司特靈（Anne Fausto-Sterling）寫 PV 的書評時，讀到 PV 的第三章 "Teddy Bear Patriarchy"，不禁感嘆說，PV 改變了她的生命。她說的，就是哈洛威對紐約自然史博物館的討論，摧毀了她從小以來對該博物館的崇拜與想當生物學家的夢想。泰迪熊（Teddy Bear）

來自美國 20 世紀前半葉的老羅斯福（Theodore Roosevelt）總統的小故事。他是一位強硬、喜歡打獵運動與愛好自然的總統，有次打獵空手而歸，旅館侍女臨時做了一個毛絨的小泰迪熊安慰大泰迪（Theodore 暱稱 Teddy），算是補償他的失落。他喜歡到非洲殖民地狩獵，並與當時在博物館工作，專精於動物標本剝製術（taxidermy）的埃克利（Carl Akeley）為朋友。埃克利是生物學家與自然學者，他為博物館剝製動物，要求找到最好的動物標本來充實他作為自然縮影的收藏，而放置動物標本的全景廳的布置，也需要嚴格地符合該動物所棲身的自然環境，所以埃克利需要攝影來記錄，他也是早年出名的動物攝影家。他一旦負責建造紐約自然史博物館的非洲館，自然要認真製作，以博得名聲。於是他幾次遠走非洲，以求得合適的大猩猩（gorilla）標本與認識真實環境。後來終於他獵得著名的卡里辛比火山的大猩猩（Giant of Karisimbi）而成為「埃克利非洲館」的鎮館標本。哈洛威於是仔細利用了埃克利的詳盡傳記，以埃克利殘酷的非洲自然之行道出了 PV 第一個驚人的故事。

Mountain gorilla at the American Museum of Natural History ANGELA N.
CC BY 2.0

　　為何作為藝術家、科學家與獵人的埃克利要選擇大猩猩而不是獅子或大象？因為埃克利覺得當時人類對牠所知甚少，而且牠與人很像。哈洛威覺得，作為獵物，這是人的對立者、異己、或說是自然本身。於是埃克利來到大猩猩的棲地，中非洲的基伏湖（Lake Kivu）附近尋找他的「科學研究對象」。第一次遭遇時，埃克利來不及看清楚大猩猩的面目，但看到牠的手印與人類的如此像，一時震驚慌張就開槍射殺了牠。第二天沒殺到公猩猩，但殺了一隻雌猩猩，助手放掉了小猩猩。第三天他就拿起照相機與槍去獵大猩猩。他拍攝了一小群大猩猩許久，意識到他正在做一件以前沒人做過的事，

但猩猩們當時沒有什麼動作，為了讓拍攝有趣，他乾脆做點刺激動作，過程還射殺了一隻猩猩，原來以為是公的，之後發現是母的，埃克利很沮喪，後來他發現這隻雌猩猩可以成為博物館很好的樣本，這樣他的懊惱就減輕很多。因為他答應他的同行者（包括白女人）也可以拿到大猩猩標本，所以射殺了更多的大猩猩，包括那隻用作鎮館標本的 Karisimbi 大猩猩，同時讓女人也安全地進行射殺。過去 Sontag 談動物攝影時說，當人類射殺動物過多時，才改為攝影機來拍攝（shoot）動物，但她只說對了一半，當埃克利射殺大猩猩時，一開始就是把攝影機與長槍一起併用的[3]。

　　之後埃克利回顧那隻倒下的大猩猩時說（p. 34）：

> 看到躺在樹下的大猩猩，牠真是隻英武的動物，臉孔讓人喜愛，一定是隻愛家護家的好動物，我真的需要鼓起我所有

---

3. 此章有一整節討論埃克利的攝影生涯 "Hunting with Camera"，有早年視覺文化的不錯討論，但因篇幅與重點，所以目前略過。

的科學熱情，才能不讓我覺得自己是個
謀殺者。

當 Karisimbi 大猩猩被殘酷而神祕的剝製術重
製後，在紐約自然史博物館再次站了起來，但這次
是不朽地活了起來。因為非洲館已經有足夠的樣
本，不需要再射殺了，所以之後就都用攝影來狩
獵，這樣很好，哈洛威說「一旦完成了宰制，保存
（conservation）就變得很急迫」，於是當埃克利回
到美國後，就投身於建立一個以科學研究為目的的
大猩猩保護區。後來埃克利因過度勞累而死，就葬
在讓他「不朽」的基伏湖畔。

為了避免過於繁複，筆者省略了哈洛威在描
繪埃克利時的文學手法。在過程中，她不斷地把
埃克利的敘事與瑪麗·雪萊的小說《科學怪人》
（*Frankenstein*）來對比，例如說，如果瑪麗的故
事可以讀成一本在生物學的黎明時代，如何去解剖
讓父權誕生的致死邏輯，那麼剝製術就是在哺乳動
物時代與人的時代之間，去保存人之本質的勞力。
埃克利完成的，就是滿足了泰迪熊父權的狩獵運動
精神。

　　現在我們來檢視埃克利著名的剝製術，即 STS 所看重的技術。哈洛威並沒有忽視埃克利的這個技術，並說埃克利的貢獻，就是把剝製術從類似室內裝飾的技術提升到精神領悟（epiphany）的層次（p. 38）。從泥製模型到上千片植物樹葉的製作，配合著大量人力的分工，埃克利發展出大型自然環境背景的製程技術。同時，如何選擇一個適合的動物標本進行剝製，也是埃克利剝製術的一個核心部分。我們如何去尋找一種動物的完美樣本、具有那物種個性與特質呢？為了製作這種標本，埃克利要求找到該動物最雄偉的雄性樣本。無論是雄偉的長頸鹿、君王般的獅子或大象都一樣。甚至在射殺牠們時，理想上也能夠有完美的獵殺運動精神，也就是在能力等同條件下的獵殺，是男人與完美公獸的對決，是父權精神的極致，而剝製術，就是那種能夠記憶起這種完美經驗的技藝。所以剝製術尋求的理想對象，就是找到一隻獨一無二完美的大猩猩、或一頭完美的大象。團隊往往需要花上數個星期才能找到那獨特的樣本，但找雌性動物時，則從來不需要找那麼久。最後，需要找到一整個家族的樣本，那是自然的單位，因為牠們具有說真話的道德

與知識論上的身分。同樣地，要銅雕一群南迪部落的屠獅長矛勇士（Nandi lion spearman）時，埃克利也要使用許多照片、繪圖為模型，並從美國黑人挑選適合的型態來參考以求完美。

剝製術也有認識論，我們看到哈洛威的精彩描寫。它是建立在各種狩獵、射殺與攝影的技術之上，而這些技術，對應的也是大猩猩的殖民科學研究、當年的非洲狩獵運動、還有綜合射殺與物種保存的矛盾論述。不過，從 STS 的角度，我們這裡看到也是一組在殖民時代，有著企業大公司與美國白宮的支持下，成功發展出來的技術與論述[4]，但它也是這類博物館技術演化的歷史中繼站，它從博物館動物的雕刻技術發展而來，也即將在博物館的攝影與電影百花齊放的未來中逐漸消逝（p. 42）。不過，這種 20 世紀初年的剝製術，是否在當年真是如此成功？埃克利在 20 世紀的博物館技術中的

---

4. 哈洛威對剝製術的討論，比較著重在該技術的認識論，及其與該時代父權意識型態的互動，而很少對該技術物的細節作描述與討論，如 STS 所常強調的。剝製一個死去的大猩猩，或許想像是血淋淋的，但是這只是想像而已。為何新興的剝製術在博物館中強過過去的雕刻術？我們也不清楚，只能事後的想當然爾。

發展軌跡，哈洛威說的是否也太過於直線？

　　如果我們以STS的技術的社會建構論（SCOT）來看的話[5]，過去聘區與拜克（Wiebe Bijker）研究腳踏車技術物的歷史，會發現當企圖解決一種社會問題時，通常社會都會發展出幾種不同的技術物，企圖來解決那個社會問題，然後在各種相干社會團體（使用者或消費者）的選擇、角力與協商之下，讓那幾個技術物在各種詮釋的角力下（好用？還是不好用？以及為什麼）不斷地修改與淘汰，到最後的爭議完結，其中一個技術物勝出，進而穩定與黑箱化。那麼，在 20 世紀初年的博物館剝製術之外，當年有何其他競爭型的技術也在博物館的空間中活躍甚至挑戰埃克利？而即使是埃克利當年也參與的攝影術與攝影機發明，在這一章裡我們也看到年邁的 Eastman（柯達照相機的發明人）也在非洲狩獵場與埃克利相遇。而柯達照相機的歷史也不是一路順遂下來，需要面對各種不同的挑戰，技術史家早有研究，甚至 STS 的拉圖也有涉獵。還有，除了選擇恰當的獵物外，剝製術的技術細節，如何

---

5. 見第二章的〈開場：FSS 與技術〉。

與埃克利高調的認識論連結，也是必須得要注意的
地方，值得我們深入。以上，是筆者對泰迪熊這一
章所做的 STS 評論。

二、珍・古德小姐、國家地理雜誌與
　　貢貝的黑猩猩研究

　　Primate Visions 的第七章（Apes in Eden, Apes
in Space）是 PV 核心的一章。它多少以靈長類學
家珍古德為中心，以及她的兩個面向：《國家地理
雜誌》中她的各種再現及其文化生產，還有她在
非洲坦尚尼亞貢貝（Gombe）研究場域的生涯，包
括黑猩猩研究的典範轉
移等。珍古德與黑猩猩
彼此各一隻手掌相依偎
的經典國家地理雜誌封
面圖片（海灣石油公司
贊助），也是 PV 一書
的封面。在這極為繁複
與多重的一章裡，哈洛
威把這兩方面的故事，

都做了快速而跳躍的說明，更重要的，她認為黑猩猩靈長類的敘事，就得把這兩條故事線合而為一。這當然是個會令 STS 人讚賞的書寫策略。當然這一章還有許多其他的元素，如太空艙裡的黑猩猩 HAM、尋求人與黑猩猩共通語言的夢想、泰山電影傳奇、金剛傳奇的性別顛倒明信片（可愛的巨大金髮女郎爬上帝國大廈，想要掀開高樓某窗戶裡床上躺著驚嚇的小黑猩猩身上的被子："Getting Even"）（p. 161）等等。

首先，哈洛威把國家地理雜誌的文化生產，做了仔細的、文化研究式的分析。就如在伊甸園的背景裡一位白人少女的手掌與黑猩猩的手掌相依偎，象徵了人／文化與自然的溝通交流。與過去米開朗基羅的畫不同，現在是一位少女伸出給予的手，而不是男上帝的手指點到亞當。重點是，透過哈洛威對國家地理雜誌的分析，還有對珍古德在貢貝研究場域的掌握，她才能夠說明究竟有多少政經與後殖民事務在後面運作，才能夠成就一幅伊甸園裡白手和黑手的交流。例如後殖民的坦尚尼亞的國內與國際情勢，坦尚尼亞的非洲人助手們圍繞在白女人珍古德旁的勞力，以及貢貝伊甸園簡史裡面

的複雜情況，包括了貢貝靈長類白人研究生被薩
伊（Zaire）游擊隊綁架、黑猩猩殘暴與戰爭的一
面，還有珍古德與歐美國際學術界與基金會經費的
繁複關係史，這才能提供一群群的歐美研究生來到
貢貝研究、累積共享的觀察資料、然後撰寫歐美名
大學的博士論文等。要透過這些繁複的網絡互動，
我們才能看到似乎純淨伊甸園裡兩隻相依偎與交流
的手掌。在一些國家地理雜誌的影片或圖片裡，哈
洛威說珍古德被呈現成在科學與自然神聖殿堂上的
處女祭司（p. 182），這個描述激怒了一些靈長類
學家。當然，在這些部分，哈洛威展示了精彩的文
化研究與政經分析的交錯描述，或許已足夠打破一
些著迷於在伊甸園般的叢林裡，如夢幻般的珍古德
獨自漫步的形象。在此章結束時，珍古德已經頭髮
灰白，婚姻離異，而且貢貝也不再顯示那 "gentle
noble savage"，其實從貢貝到整個後殖民西方的想
像、寓言及民族誌，這是個失落的夢（p. 185）。

我們現在聚焦到珍古德的研究基地，貢貝的黑
猩猩場域，還有她所經歷的方法與黑猩猩研究典範
的改變。當年據說 L. Leakey 把才二十三歲的珍古
德一個人送到貢貝做田野，探索人類的起源，是

因為「珍」沒有特別的訓練、只有自然的本能，也沒有任何預先有的概念（p. 182），似乎這樣反而更好。後來珍古德鉅細靡遺的收集資料，包括她著名的發現──例如黑猩猩捲曲樹葉來挖樹洞裡的蟲吃，這些發現讓 Leakey 也覺得我們應該要重新定義工具。於是在這個複雜的過程裡，珍古德不斷地更新她的研究方式，也吸引更多歐美的研究生過來，同時當然也少不了坦尚尼亞當地的專家助手的幫忙。在研究黑猩猩行為的過程裡，珍古德經歷了大約三個典範的轉移，從母親－嬰兒為中心的社會團體，到以雄黑猩猩活動為中心的黑猩猩社群，到後來以雌猩猩彼此連結為中心的研究。用了大約才十五頁的篇幅（pp. 164-179），哈洛威很精要的從幾個角度來說明如何最後「雌性中心」的新典範會形成。

除了受社會生物學（sociobiology）理論的影響而造成靈長類行為理論的轉變外[6]，哈洛威也注意到當初在舊典範中收集資料時的性別差異。男助

---

6. 這是把演化論當成研究動物社會行為的理論架構，來解釋為何動物會如此那般地行動，包括動物的各種性行為策略，如此形成了行為生物學（behavioral biology），或一般稱社會生物學。就女性主義靈長類學家而言，female choice 就成為了重點。

手會傾向觀察雄猩猩的社會行為，女助手則喜愛觀
察雌猩猩。後來在有更多女性研究生做論文（當然
受到珍古德的影響）的環境下，還有受到七〇年代
女性主義在歐美正風行的文化影響，年輕的女男研
究生開始注意到雌猩猩的行為，也剛好利用了過去
累積的許多相關觀察。於是逐漸地，年輕女靈長類
研究者在貢貝、在國際會議場合、在年輕朋友圈子
中，嶄露頭角。當女研究生逐漸成為論文的作者
時，也算是作者的貢貝雌猩猩也成為研究的新中
心。在研究過程中，基於訪談與發表論文的追溯，
哈洛威對年輕靈長類學家 Barbara Smuts, Richard
Wrangham 的研究進展作了比較仔細的討論。稍後
哈洛威作了點與 STS 十分相關的反省（p. 179）：

It seems impossible to account for these
developments in the micro-space of a
particular area of primatology, rooted in a
particular site, without appealing to personal
friendship, colleagueship, interactive webs
of people planning books and conferences,
disciplinary developments in serveal fields at

once, the history of western capitalism and political theory, and recent feminism among particular race and class groups. It is this kind of webbed system of explanation that makes me argue for the idea of <u>a contested narrative field</u>, rather than for other models of construction of scientific knowledge.

（底線為筆者所加）

　　哈洛威心中想到的「other models」，當然包含了 STS 裡面的科學知識社會學 SSK。有趣的是，除了靈長類學家們的協商、結盟與論爭外（到此很類似 SSK 討論的微觀協商過程），哈洛威還加上階級與種族特性的女性主義觀點，再訴諸了西方資本主義的歷史與政治理論，這應該與她討論到好萊塢電影工業、海灣石油公司、國家地理雜誌等都有關。但是，這樣子一個大幅度視野的科技相關故事，要如何書寫呢？我們先從 STS 一些類似幅度的例子談起。SSK 在 1985 年的經典，就是我們第二章討論到、後來哈洛威批評到的 *Leviathan and the Air-Pump*（LAP）巨著，它也是涵蓋了十七世

紀歐洲的政經還有複雜的宗教衝突，英國國內的政治與復辟，乃至皇家學院波義耳的空氣泵浦，在涉及的幅度上，與這裡 PV 的第七章其實差不多，除了當年沒有國家地理雜誌這樣的國際大媒體。

但是，若從黑猩猩行為理論的發展軌跡來看，從第一到第三個小典範，哈洛威的敘事似乎都是直線進行，沒有碰到什麼大阻礙，有些目的論式的色彩，甚至國家地理雜誌與珍古德的媒體聯盟，我們也沒看到什麼重要挑戰。當然在世代上，我們可以看到雌性中心的黑猩猩新典範，也是個在貢貝珍古德聲望羽翼下年輕學者們的世代革命。但是這一個典範轉換，是不可避免的歷史道路嗎？在 LAP 中，影響現代實驗室的實作並非不可避免，波義耳那批較年輕的皇家學院仕紳們，當年有許多論敵，其中最重要的，就是資深的霍布士。但是在第七章中，甚至在前面提到典範轉換的十五頁裡面，貢貝靈長類學的革命中有沒有它的霍布士論敵存在？那些所謂保守靈長類學的男學者在哪裡[7]？或許哈洛威將那些爭議議題分散寫在如第十四章，當女性

---

7. 我們或許可以從下面一些男性靈長類學家的書評中對 PV 的批評而窺見。

古人類學家茲爾曼（Adrienne Zihlman）興起時所提出「Woman-the-gatherer」論點時所遭受到傳統「Man-the-hunter」模型的反擊，但是筆者覺得哈洛威對兩造理論的衝突描述並不夠清楚，而似乎被掩沒在大量的資料中。所以，大致而言，若從 SSK 的角度來看，哈洛威的「contested narrative field」固然有其道理，但是這個「雌性中心」新典範的誕生，讀來卻太平順、缺乏了 SSK 對稱性原則下需要解釋的科學論敵：要以類似的解釋模型來解釋新典範的成功與舊典範的失敗。更何況，LAP 是以一整本書來談空氣泵浦的網絡與社會，而 PV 只以一章五十多頁的篇幅來談一個更為複雜的貢貝研究場域。所以整體印象而言，哈洛威的努力固然分量厚重，她說的許多大小故事也多采多姿，但這種論述精簡操作的方式，的確在 STS 中十分罕見，也不容易被接受。

三、女性主義社會生物學大舉進入靈長類學：赫迪（Sarah Blaffer Hrdy）

在上一節中，我們看到貢貝網絡中靈長類學的

發展，特別是不少女性主義者津津樂道的以雌性彼此連結為中心的靈長類研究取代了雄性宰制「社群」的傳統研究。但是這裡的雌性黑猩猩，哈洛威注意到，與之前珍古德早年所觀察的「母－子」黑猩猩關係中的雌性已經不同。原來母親的「私／女性領域」已被剔除，轉換成雌性競爭下的公領域，原來雌猩猩的母性天性，已經轉換成西方經濟自由主義與個人主義傳統下的雌黑猩猩：一個進行徹底理性計算與最大化（基因）利益的機器。這是受社會生物學洗禮後的靈長類女性主義。這個轉換過程曾風行知識界，其中一本膾炙人口的大眾科學書籍，就是女性主義靈長類學家赫迪的 *The Woman That Never Evolved*（1981）。

哈洛威對女性主義社會生物學的看法，感覺是複雜而好壞都有。PV 大書中第三部分的主題，是「作為雌性的政治：靈長類學作為女性主義理論的一種文類」，對 FSS 相關讀者而言，該是最引人的一部分，她仔細討論了四位女性靈長類學家：阿特曼（Jeanne Altmann）、費蒂根（Linida Marie Fedigan）、茲爾曼（Zihlman），以及赫迪（Hrdy）。大致上，這四位都是活躍於二次大戰之後，聯合國

科教文組織為了反制納粹的種族主義，而在自由主義論述中強調了「普遍人類」（universal man）的時代。當年一些重要的靈長類學家前輩，也積極參與 UNESCO，如 PV 第二部分討論的華胥伯恩（Sherwood Washburn）（第八章）。靈長類學與古人類學家華胥伯恩當年在普遍人類的理想下，提出古人類獵人（Man the Hunter）的理論，強調男猿人的狩獵行為，是猿人走向近代人類的重要關鍵。但華胥伯恩古人類學的女學生茲爾曼（第十四章）則強調女性在古人類中的重要性，哈洛威稱之為突變的普遍人（mutating universals）（p. 340）的古女人類採集者（Woman the Gatherer）的假說。古女人在生育之外，其實也非常活躍於各種採集活動，引起很大學界的注意，雖然阻力也不小。在這樣的假說下，古人類中的男女差異更小、也更性別平等，茲爾曼也援引黑猩猩與草原游牧人！Kung 的社會來支持（Zihlman 1997）。但無論如何，哈洛威認為雖然茲爾曼的假說是女性靈長類學家突出努力的表現，但這個突變，仍然是在之前「普遍人」大架構下發展出的理論，無可避免地忽略了普遍人之中的種族、歷史、甚至階級的重要差異性。

　　類似的情形，也出現在女性主義社會生物學（第十五章），只是她們比自由主義女性主義走得更遠，可說是在後現代、後工業時代條件下的事物（p. 353）。透過社會生物學的論證，甚至自由主義傳統的「個人」也遭到解構，最後剩下的是生物個體內的基因、及其計算透過什麼生存策略才能夠最大化其基因再生產繁殖的能力。雖然當年對社會生物學的善惡好壞有相當多的辯論，如其是否為決定論、種族主義或性／別歧視，或完全相反，哈洛威並不對那些論辯有興趣，她比較看重的是所有那些辯論的所共通呈現的自由主義基本預設，反而是需要解構的對象。以下是她批評論點的主要方向（p. 353）：

How have sociobiological feminist arguments, like other western feminists, enabled deconstruction of masculinist systems of representation, while simultaneously both deeping and problematizing unmarked enabling tropes of western ethnocentrism and neo-imperialism?

　　透過哈洛威的問題意識，我們現在就簡單來看看赫迪在前面提到的 *Never Evolved* 一書中的論證。赫迪其實舉了相當多種的證據，如歷史、古生物學化石、人類學、性學與性態度的廣泛調查等來支持以下的論證，但基於篇幅，筆者只能以下面哈洛威的簡潔敘事來介紹。首先，一個起源的故事。因為原初原生生物的資源取得不均，機緣之下出現了兩種大小不等的性細胞（精卵的原型）即所謂 anisogamy（PV, p. 363），精小而卵大，前者彼此競爭追逐後者[8]。而因為彼此競爭，後來精子性細胞所附著的雄性身體之體型就越強越大，在這裡，似乎雌性動物只是消極的被爭取，或頂多是選擇雄性（達爾文的性擇論）。但是雌性靈長類的陰蒂，究竟是做什麼用呢？過去生物學家常認為它只是沒有積極演化功能的衍生物，只是兩性原初單一胚胎結構發展的對應物（對應雄性的陰莖），如雄性的乳頭一樣。但社會生物學家一定要找出它的演化功能，特別是近代發現雌／女性的高潮與受孕彼此

---

8. 注意這裡赫迪可能用了比較傳統的精卵互動理論，應該要參考後來愛蜜莉‧馬丁對精卵性別理論的批判或修正，見《科技渴望性別》（2004）中 Martin（1991）的名文。

獨立、高潮可以不斷出現，且女人沒有明顯的發情期，何時排卵是隱密的等。這些現象，讓女性主義社會生物學提出了陰蒂相關現象的演化功能假說：這些陰蒂高潮相關的現象，可以讓雌性靈長類在雄性環顧下比較安全；也因要保護自己的後代而容易說謊，讓一些親近的雄性覺得他才是她下一代的父親，願意分擔保護與養育之責，以便有更多的後代。這是陰蒂的演化策略，也是哈洛威說的「後現代的機智」（p. 362）。故而，雖然雌性靈長類在體型上一直較小、受生育之苦，難道女人不曾演化嗎？赫迪的論證，就在說明女人其實是有演化的，但在演化方向上與男性不同。相關的情況是，雌性彼此之間的關係如何，則要看各種生存與覓食的不同條件，有的物種可以互助形成連結，有的則彼此孤立而競爭。赫迪認為女人之間的女性主義團結，並非天生，而是種人類特別的成就，脆弱而珍貴，是在女人能夠克服彼此競爭的自然條件之下才有可能的。

雖然 PV 花了不小的篇幅來描述赫迪的成果，但哈洛威對赫迪所代表的女性主義社會生物學取向之批評，更為細密。它大致可以分三方面來說。

一，赫迪的研究取向，需要從 18 世紀以來歐洲女性主義與反女性主義論辯的歷史來看。哈洛威認為，近代女性主義的歷史，如果我們缺乏「作為社會秩序的道德論述與社會技術」的生產生物學與臨床婦科學的那段歷史，是無法理解的。自由主義的理論對早期女性主義者有幫助，但卻必須付出的代價是忽略女性特有的聲音與立場、還有女性之間的差異性。19 世紀的女性主義強調社會的母性（social motherhood）用來支持女性有投票權，以及成為社會公民的意義，正反的看法都有。在這個背景下，男性性學學者就來仔細地界定了（好）女人的性愉悅的意義與它的身體位置，如佛洛依德所說的陰道高潮。相對地，西方靈長類早期學者一開始也不注意雌性靈長類是否有性高潮，直到早期女性主義者 Ruth Herschberger 問他們關於雌性黑猩猩的這個問題。而透過性高潮的問題，究竟它是否是女性自主的目的還只是手段方法，也一直是七〇年代以來導致婦女運動分裂的議題之一。事實上，後來自慰已經被認為是可達到女人最好的高潮，而女同志的 S-M 也可能是女性自由的烏托邦。我們需要從這個歷史潮流下來瞭解赫迪：女性主義社會生

物學在敘事上是超功能主義、超自由主義（hyper-functionalism, hyper-liberalism）（p. 359）。它繼承了過去歐洲自由主義傳統的許多問題與預設。它的風行，也持續地在支持那個歷史論述的霸權力道。它基本上是歐美中產階級白女人最徹底的「普遍女人」理論。

第二，相對而言，哈洛威評論，其實對黑人女性自尊的建構來說，如 Hazel Carby 認為（p. 355），重要的是反帝國主義、反種族主義、以及女性主義的政治，而非性高潮。甚至到 20 世紀末，反種族主義的女性主義者，若不重新被迫接受那「製造種族不平等」的各種社會技術，則她們根本無法進入普遍女性的性愉悅問題。第三，哈洛威在好幾處提出這個問題：女性主義社會生物學自我矛盾。因為一方面它強調女性的性自主與愉悅、以及女性的性高潮策略以求延續後代，好似女性個人的主體積極發揮作用，但另方面，是女性個體內的各種基因在提出策略、進行親屬間基因的聯合規劃（因而表現出利他的行為），如 kin-selection，個人幾乎成為一個執行基因策略的女機器人，而基因才是最後的主體、最後演化之舞中的生存競爭者，而原有以女

人為主體的女性主義具體意義也因之碎裂而消散。

就以上的這三點，筆者逐一對之做點再評論。其一，哈洛威從歐洲女性主義的歷史來定位女性主義社會生物學，當然有其優點與意義[9]。但是一個科學理論或典範，我們是否能夠因為它的形上預設所繼承的是一個有問題的政治理論或個人主義哲學，就可以質疑該科學理論的價值？筆者不否認赫迪的社會生物學會反過來支持那個有問題的政治意識形態或哲學，但那畢竟比較間接。科學與哲學的歷史軌跡，常常不在同一個平面上發展。也就是說，如果我們認為機械論的形上學是有道德與政治問題的，那這樣是否我們就可以懷疑基於機械論的笛卡爾的科學理論？歷史上，笛卡爾的科學之所以被否定，不是因為它的機械論哲學，而是因為在科學的證據與理論上，它敗於後起的牛頓科學。[10] 當然，如果哈洛威說 PV 所討論的，是靈長類學的多

---

9. 一些靈長類學家困惑於為何哈洛威要長篇大論地在女性主義社會生物學的脈絡裡來談歐洲女性主義的歷史。

10. 論者可說，當年 E.O.Wilson 的社會生物學企圖從昆蟲社會行為的證據推廣到人類，顯然證據不足。但赫迪的證據來自與人類更接近的靈長類，也包括人類的歷史，情況就不同。

重世界，而不只是科學，這當然是哈洛威一貫的特色，但這樣廣泛的批評範圍，就與 STS 的焦點常在科學的理論、實作與技術細節不太一樣，這個差別的意義，我們之後會回來討論。其二，是個科學理論的適用範圍問題，的確科學理論的適用範圍能夠越廣越好，可惜哈洛威對黑人女性的歷史文化與性愉悅的意義，雖然有些討論，讀來似乎是個極重要的領域，但說的還不夠多（只一頁）到能成為一個有力的個案。

其三，關於女性主義社會生物學自我矛盾的問題。這比較涉及社會生物學本身的理論堅持問題，是否一切都需要基於自私的基因。名演化論學家古爾德（Steven J. Gould），也不贊成社會生物學徹底的演化功能主義 —— 說生物身體的每部分都必然有其演化功能。基於胚胎發展的結構理論，許多生物身體的一些部位的存在，只是因為對稱與結構原因，如男性的乳頭與女性的陰蒂，乃至盲腸，非一定得有偉大的演化功能在其中，所以陰蒂頂多有演化上的歷史機緣，但卻非必然的演化功能。再說，基因的決定策略、還有基因層次的競爭，是否就否定了有機體的身體層次的競爭，這還有許多的辯論

可言。例如後來發現人類染色體中有許多無用無功
能卻不斷複製的基因（Gould 1983），這顯然不是
激烈的基因生存競爭。而不斷複製的無用基因如果
無窮擴展進而干擾到有機體本身，如何才能停止？
所以，無功能基因的多寡，可能反而是受制於在有
機體個體層次的競爭情況而定。所以個體層次的競
爭，可以反過來影響到基因層次的競爭。故而當年
古爾德贊成的，其實是多層次的多元生物競爭（整
個物種層次甚至更高的分類層次、生物個體層次、
還有基因層次等），而非基因及其策略決定一切。
若是如此，則哈洛威的原本針對社會生物學的自我
矛盾問題就解消了。

赫迪頗重視古爾德（Gould 1987）對演化功能
主義的批評，但認為陰蒂不是單純的演化對應物而
已，她引用許多靈長類物種在陰蒂上的比較解剖，
來證明它有相當的物種變化來對應不同物種的性行
為。其次，雌性靈長類與多重雄性伴侶交配，可能
有基於基因的理由，但也有基於非基因的理由，如
雌性利用發情熱來吸引外來入主的雄性，防止其殺
嬰（Hrdy 1997）。至於說生物有機體的競爭，可
以反過來影響基因的競爭，這是古爾德提及基因學

上的新發展，赫迪沒有理由反對，反而該歡迎，畢竟這更強化了女性主體性的論點。[11]

　　當然，筆者前面提到古爾德的生物學論點[12]，並非最新的，而是與本章討論赫迪、哈洛威差不多同時代的演化學研究，目的就在顯示，從 STS 的角度而言，當年的靈長類學、演化論的演變及其辯論，可能比哈洛威所展示的要更廣而複雜，而哈洛威也不願意進入。或許這樣也難怪，後來赫迪的重要女弟子史莫耳（Mederith Small）寫 PV 的書評，就認為哈洛威對社會生物學與演化論的所知相當有限。不過這就觸及哈洛威寫 PV 的一個兩難。她堅持靈長類學的故事要在四種誘惑中保持平衡，不能獨佔或忽略任何一面，而 STS 只是哈洛威的一面

---

11. 許多女性主義靈長類學家都否定人類的 biological heritage 讓女人受制於生物決定論。如 Small（1993）認為那些生物的傳承讓雌性靈長類有許多操弄的空間，如躲避殺嬰、雌性之間的聯盟、尋求同性或異性間的性愉悅等，它們可以幫助女人跳脫文化社會的教條。故反而是從教條中解放。

12. 可參考古爾德從 1980 到 1990s 約二十年間好幾本「對自然史的反省」的短篇文集中的相關篇章。如 "Caring Groups and Selfish Genes" (1980), "What Happens to Bodies If Genes Act for Themselves?" (1983), "Male Nipples and Clitorial Ripples" (1991) 轉載原本的 "Freudian Slips" (1987) 等。

而已。所以似乎她在書寫時也樂於縱橫古今、跨越
百川之上的各種論述來做綜合交叉討論。但這樣，
除了讓許多視野較集中的讀者閱讀困難外，也就會
忽略許多在 STS 視野關照下所應看到的其他細節、
脈絡與問題，如筆者在本章所提出的數點評論。

筆者最後簡單綜合一下前面三節裡我對哈洛威
所做的 STS 評論。就泰迪熊部分，我感到哈洛威
重視剝製術認識論及埃克利探險過程的諷刺描寫，
但是對剝製術的技術細節，還有埃克利的剝製術新
典範何以能興起，卻缺乏歷史建構式的討論，STS
的 SCOT 觀點或許能提供更好的協助。其次在珍古
德脈絡下的黑猩猩研究與發展，哈洛威似乎擅長文
化研究式的討論，但對於以雌性黑猩猩為中心的新
典範建立，呈現的卻是一比較直線性的歷史敘事，
傳統男性靈長類學家的批評與抗拒的歷史卻不明
顯，似乎缺乏 STS 式的對稱性討論，包括古男人
類獵人與古女人類採集者兩種假說的爭議。至於在
討論女性主義社會生物學與靈長類學的部分，哈洛
威的討論精要而精彩。她馬克斯主義思想史式的討
論風格，固然有其重點，但不見得能有效深入靈長
類學與演化論複雜的關係，也讓一些女性主義的靈

長類學家不容易接受。所以，就 STS 的角度而言，哈洛威企圖在 PV 的四種誘惑中保持平衡式的討論，一些主題很容易成為龐大的泛論，或許，可能還不如基於各種方法論來輪流逐一討論與展示，各顯神通更好？

　　本章討論哈洛威的名著 PV，全書共十六章，而本章目前比較深入討論的，也只不過是其中的三、四章而已，這顯示，哈洛威在靈長類世界中的博學與綜合的力道，另外則因為本書的篇幅限制，這是目前筆者所能夠涵蓋到的部分。為了能夠更清楚地顯示哈洛威的 *Primate Visions* 在當年的意義與引起的注意及辯論，還有此書在八〇年代末、九〇年代初與 STS 相關領域所引起的注意與評論，筆者最後採取另外一種精簡策略來間接思考研究此巨著：從 PV 的眾多書評來著手。

四、FSS 的時代環境：
Primate Visions 的書評網絡

　　本章一開始提到，PV 這本書的風格，沒有哈洛威「賽伯格宣言」狂飆式的寫作，而是她深入研

究多年，包括各種檔案與文字、多位訪談，以及哈洛威自己生物學、科學史廣泛背景的支持，集中在靈長類學的 20 世紀歷史、靈長類學家們、還有她們（如珍・古德）與媒體、商業利益的廣泛關係。就人文社會學的常規而言，這應該是一本深具企圖，且涵蓋歷史、多重社會與文化的<u>經驗研究</u>。

　　PV 出版在婦女及女性主義運動大興並遭多重抗拒的八〇年代末，即使該大書複雜、論點多重、常有後現代式文字的艱澀難讀特色，但在出版後仍然引起了學界廣泛的興趣，又因為其跨多重領域的特性，遂而自然引起了靈長類學、生物學、人類學、女性主義以及廣泛的人文社會學界（應也包括 STS）的興趣。根據 Luciana M.P. Sivertson 在 Alberta 大學的碩士論文（1997）"The Reception of a Feminist Critique of Science: *Primate Vision* Revisited" 的蒐羅，大約有六十一篇橫跨各領域、各種期刊、媒體報章的長短書評在那幾年間出現，其中好幾篇都是對包括 PV 在內的一串 FSS 書籍的大書評（包括 C. Geertz, C. Humphery, L. Nyhart, D. Ortrum, G. Beer, L. Betzig, M. Di Leonard, M. McNeil 等大書評）。這一節，筆者就準備大致沿著他之前

把書評看成「禮物」與劃界儀式的作法[13]，嘗試分析其中一些書評所呈現的特別現象。

根據靈長類學家費蒂根（Fedigan 1997）的看法，也獲得 Sivertson 蒐羅的證實，PV 一書，在靈長類學及演化生物學領域中的書評（十四篇，包括幾位女性與女性主義者），大部分是負面的[14]。或許，因為 PV 對靈長類學的傳統批評頗多，甚至也掃到幾位女性主義靈長類學家（如史莫耳，甚至 PV 的主角之一赫迪），故而導致起碼在靈長類學界對此書的負面主流印象。雖然比起其他人文社會領域的書評，大概靈長類學家最有資格做深入討論的書評，但可惜的是那些負面書評大都是選擇性

---

13. 筆者這裡的「禮物」說法大致沿用人類學家 Marcel Mauss 的禮物概念而來，參考傅大為（2019）第六章第三節。在 STS 學界的前半生，STS 人彼此之間寫深入的書評是一個建構學門網絡的重要管道，曾有許多膾炙人口的書評，本小書前面也提到了一些。故筆者在 2019 年的書中嘗試建構 STS 前半生相關書評的網絡分析，描繪出三個時段中書評網絡的各種社群意義與功能，應該有點首創的色彩。本小書在這裡也適時採用書評網絡的 STS 分析來討論 PV 當年的社群接納情況。

14. 本文不輕易採用 L. Sivertson 好壞書評的寬鬆分類。一些她認為是 mixed 的靈長類學書評，如牛津的 Vernon Reynolds，以及密西根的 G.B. Stanford，筆者乃至費蒂根（支持哈洛威的女性主義靈長類學家）都看成是負面或批評的書評。

地找兩、三章來批評（全書十六章），然後再表達一種一般性的負面評價，如哈洛威把靈長類學扣連到全球資本主義霸權、貪婪大石油公司、壓迫的父權社會，自由主義與個人主義的偏頗等等意識形態的問題。反之，靈長類學家大多也沒有對 PV 中靈長類學的具體論據提出細節批評，所說的常是批評哈洛威是圈外人，常常把很多的人名、事、時間、內容都搞錯了。畢竟，對哈洛威的文化批判做批評，也非靈長類學家之所長。所以，許多靈長類學家對 PV 的書評，就 STS 而言，是種劃界的動作，把 PV 企圖對靈長類學的介入，擋在界外。當古德芙在約十年之後於 *How Like a Leaf*（1998）中訪問哈洛威說，她覺得 PV 對靈長類學有什麼樣的衝擊？她直截了當地回答："I don't think it's had any impact on primatology."（p.58）

那麼，在廣泛的人文社會、乃至女性主義中的情形又是如何？的確，在這個廣泛的領域，是有不少稱讚的書評，但通常都是短書評，比較像是拍手書評，卻沒有認真介入到 PV 一書的複雜內容裡面去。比起筆者過去所看的 STS 的不少深入書評，這樣的拍手書評或許只能算是給哈洛威的小禮物。

不過，哈洛威的確是有些熱烈的支持者，她們甚至還寫了兩篇書評（有 Sarah Franklin, Fausto-Sterling, Lakshmi Bandlamudi），而且，在書評中還批評某些靈長類學家（如 Robin Dunbar）的書評過於負面，像這樣熱心的書評作者，的確相當少見。

但是，在人文社會領域中，也有些重量級學者的書評，如紀爾茲（Clifford Geertz），反而是負面的。當年的批判人類學家馬可斯（George Marcus），則在 *Science* 寫了篇平穩的肯定書評，劍橋人類學家 C. Humphrey 是稱讚但也有保留。但女性主義人類學家，的確大部分都支持 PV。在許多地方，這正負兩種書評還真算是涇渭分明。當許多書評者都抱怨 PV 難讀或晦澀時，支持的書評者如 Franklin 則強調該書很值得一讀再讀（eminently rereadable）或每次重讀都會有新的收穫等（福斯特‧司特靈）。

與 STS 頗為接近的科學史領域，也是哈洛威過去的領域，又如何評估 PV 呢？以詳於經驗細節研究的女性主義科學史家 M. Rossiter，則同情地認為因為此書的複雜性，所以不能用一般科學史精詳的判準來說它，故而是正面的書評（刊於 *Journal* of American History，後刊物名均類此）。另外女性主義科學史家 L. Nyhart 則同情地認為 PV 是對科學史書寫的挑戰，是篇不錯的書評（Signs）。生物學史家福斯特・司特靈則是熱情的支持，還問說是否 PV 可以作為科學歷史寫作的範例（Journal of the History of Biology）？科學史家 Gregg Mitman 除了抱怨作者的文字難懂、過於菁英取向外，也基本上肯定 PV 有助於讓科學史家瞭解女性主義理論的發展、並鼓勵科學史進行文化批判（Isis）。科學與性別史家 Elvira Scheich 認為 PV 對科學史的貢獻很重要，但對她想跨越一切邊界的企圖則有所保留（American Historical Review）。而醫學史家 Michael Neve 則在 Science 寫了篇既有稱讚也有些保留的書評。倒是在 STS 領域中，主流期刊似乎很少評到此書，只有一篇在 ST&HV 由科技的文化研究學者 Marereen McNeil 評論哈洛威的 PV，還有她 1991 年的 Simians, Cyborgs, and Women（SCW）論文集。McNeil 瞭解 PV 這本大塊頭的書容易讓讀者卻步，所以也推薦 SCW 論文集中抽幾章靈長類學相關論文來讀。對於這兩本書，McNeil 頗興奮於哈洛威她企圖「改變」的遠見，要超越過去科

學史或 STS 過於微觀、學門本位、避免政治責任
的學術常規，但卻不清楚哈洛威如何能夠具體實現
它，何況那種遠見裡還可能排斥了太多的觀點。其
次，McNeil 擔心哈洛威的「高標準」，可能會讓
STS 人、甚至對科技的批判者都避開 PV，因為不
知如何處理那種複雜度。

我們看到，無論 PV 的「科學史」書寫與當時
主流的科學史多麼不同，但她的書在許多科學史的
期刊上都有書評，而且多有同情與鼓勵，與靈長類
學家的書評型態頗為不同。反之，若是比較起 STS
的期刊或名家對 PV 的注意，後者就要少很多。
其實，哈洛威在 PV 開頭所說誘導她的四種研究進
路，其中第一個就是 STS（雖然她只以早期拉圖及
其著作為代表），但卻沒有科學史。對照而言，
哈洛威的老領域「科學史」[15] 對她後來的大研究，
仍然有所呵護，但她欣賞看重的 STS，卻對她的巨
著，很少期刊書評或 STS 名家的評論。或許這也
是後來哈洛威對 STS 多少一直有一種苦澀感覺的
源頭之一吧。

---

15. 雖然哈洛威在 PV 中寫說她現在的觀點與寫法，已經與過去
　　的科學史很不同了。

　　以下，筆者就比較仔細地來討論四位名家所寫的四篇書評，分別是負面的紀爾茲、史莫耳，持中肯定的馬可斯，還有自承是哈洛威一派的史翠珊（Marilyn Strathern）。或許，這幾篇可以大致反映出 PV 的書評網絡中多元而彼此競爭甚至抗衡的結構。

　　首先，大人類學家紀爾茲的在《紐約書評》上的書評 "A Lab of Ones's Own"（1990, Nov.），評了三本書。除了 PV 之外，還有 N. Tuana 編的 *Feminism and Science*，施賓格的 *The Mind Has No Sex? Women in the Origins of Modern Science*。資深學者紀爾茲雖然對 FSS 有所保留，但也非否定，如他就對施賓格精細廣博的科學史研究讚譽有加（It is a beautifully detailed portrayal, alternately amusing, astonishing, dismaying, and painful.）。但顯然他對 PV 後現代式的、預言式的語言並不喜歡，並直說了些傷人的話：此書四百頁若能減半，可能更好，而掀開後現代的光亮與陣地裡的口號下，其實是個頗為傳統的故事。紀爾茲認為，哈洛威把幾乎所有與猿猴、靈長類學理論、著名的女靈長類學家、電視電影、國家地理雜誌宣傳、大石油公司廣告、聖

誕卡、非洲殖民主義、猿猴東方主義、小說、博物館巨型大猩猩模型、社會生物學等打成一片，涵蓋一切，且不覺得其中彼此有何在認識論上的基本區別。這種作法，固然造成了此書繁富多樣化的一面，但這樣也使得她沒有一個好的研究方法，也沒有如她在各章標題所宣示的，建構出一個女性主義靈長類學的文類（genre），而作為女性主義的政治也沒有形成。紀爾茲認為，這是一種極端的社會建構論。但這是嗎？

其次，我們看看靈長類學裡面的社會生物學女性主義者史莫耳的書評（*American Journal of Physical Anthropology*），她是名靈長類學家赫迪的高徒，並以雌性選擇（female choice）的議題而知名。本來，史莫耳可能是靈長類學家裡對哈洛威頗有潛力的結盟者，但結果效果剛好相反。我想部分的原因，可能來自哈洛威對社會生物學女性主義者很特別的批評（主要不是來自研究證據，而是批評她們說故事的方式與邏輯，見本章前面），PV 一書的諸多訪談者也包括了赫迪，但據哈洛威說赫迪對此書頗不滿。史莫耳認定 PV 的企圖是要解構靈長類學，揭露其內在的意義，這可以是個具高貴情

操的研究，但它不能就忽略了對靈長類學應有個基本理解。史莫耳認為哈洛威對這門學問的理解很不足夠，而且 PV 全書對社會生物學，特別是赫迪的第十五章，對演化生物學的理解極為有限。甚至，執著於挖掘靈長類學文本的隱藏意義，哈洛威的許多研究結果完全無法取信於人。或許 PV 的溝通對象僅止於解構派學者（另外有女性主義靈長類學的書評也如此說），而非靈長類學者。甚至，史莫耳覺得 PV 的目的不是在交流，而是挑撥刺激。

筆者覺得，哈洛威知道靈長類學女性主義者有不少人是社會生物學家，也清楚社會生物學在七〇年代以後對女性主義靈長類學的助長力道，而赫迪以大姊大的身分羽翼了許多年輕女性主義者。赫迪還在她著作的感謝文裡，肯定她哈佛老師 E.O.Wilson 對女學生權益的重視 [16]。哈洛威的 PV 也特別把赫迪放進她心目中的四位新一代、取向不同的重要女性主義者靈長類學家之一。她深知女性主義者即使在靈長類學裡也有其多元競爭的情境，而 PV 在取樣上自然有民主開放的必要，但畢竟似

---

16. 參考 Hrdy (1986) "Empathy, Polyandry, and the Myth of the Coy Female"-acknowledgements, pp. 141-142, in R. Bleier (1986)。

乎是沒有做好。

再者，我們看喬治・馬可斯在 *Science* 上的一篇書評 "The Discourse of Primatology"。與 Michael Fischer 合作，馬可斯在 1986 年出版了企圖深入檢討與批判人類學實作的 *Anthropology as Cultural Criqique*。或許和 PV 強調遠見與批判的色彩類似，馬可斯覺得 PV 應該是那個強調批判的時代（如在歷史、女性主義、文化人類學領域）的一支生力軍："the qualities of being structurally unorthodox, highly personal, hyperbolic, if not visionary, in their claim"。不過，或許馬可斯的遠見看得的確太遠了些。他覺得哈洛威的 PV 是積極回應了在 STS 裡希望要有新研究的呼籲，但那是誰的呼籲？難道是拉圖的 SIA？但 SIA 基本上是成長於 SSK、並企圖從中異軍突起的新觀點 [17]，這與 PV 當年基本上仍離 STS 領域還遠的情況頗不同。何況，前面提過，STS 對 PV 一書出版的反應是冷淡的，遠不如馬可斯的期待。再說，馬可斯也預期 PV 能夠與書中四位女性主義靈長類學家的批判精神、乃至更廣大的

---

17. 參考筆者《STS 的緣起與多重建構》（2019）第四章。

新生代，共同結盟，但這可能也是落空的。前面提過，可能除了費蒂根外，與其他幾位的結盟並不明顯，甚至是有些對立的。

最後，我們看一位自承是哈洛威同一派的名女性主義人類學家史翠珊刊登在 *Science As Culture* 的書評 "Primate Visionary"。不同於許多女性主義學者的拍手書評，此書評並無特別稱讚之語，或許已經不需要，也沒有特別高舉哈洛威在當前人文社會學界的地位，反而特別去思考 PV 一書中作者的用心。對於已經讀過 PV 的讀者而言，大部分的短書評（更像書介）其實沒必要看，但史翠珊這篇書評，卻不是介紹，而是進一步思考哈洛威的書寫策略，頗有新意，但也很難閱讀。她首先設想為何哈洛威所談到該書的四種進路（見前）是引誘（temptations），為何她對一種進路去批判與取代另一種進路的作法有所保留，然後才逐漸清楚 PV 所寫的時代 [18]，哈洛威是以其身體去浸淫其中的幾

---

18. 其中一個面向，我想是來自哈洛威生物學的背景，還有那個納粹的二戰與之後的冷戰時代，種族與性別議題的強化，自然、文化、女性主義、第三世界的政治等不斷地交錯與交織，如此才能形成一種視覺的技術，去組織感知。

種進路，或想像珍古德如何去愛她知識的對象，而
非抽象全體化的思考而已。但是，如果 PV 是作者
親身體驗各種時代的論述與感受各種視覺文化的歷
史過程，那麼此書對其他不同身體的人之可能意義
為何？史翠珊似乎沒有具體的答案，而留給有耐心
有毅力讀完全書的讀者去思考。或許，如同 PV 一
樣，這是一篇難讀而需要一再閱讀的書評。

我們知道，靈長類學，也是廣義人類學的一
支。哈洛威的 PV，頗得到了上面一些重要人類學
家的書評，或許不是巧合。[19] 筆者或許可以從八〇
年代中「把人類學作為文化批判」的脈絡中 —— 見
前對馬可斯（G. Marcus）的討論，反過來看 PV 如
何在人類學中被定位。從文化批判的角度，馬可斯
當年批判過去人類學的田野都在殖民地，而來自殖
民母國的人類學家，常有著東方主義的色彩，包括
文化再現的問題。配合著二戰後殖民地紛紛獨立的
新局面，他看到人類學家能夠回到母國，以人類學
的見識來做母國的文化批判。在這個視角下，資深
的紀爾茲就沒有真正進行對自己文化的批判，反之

---

19. 感謝一位評審者在這裡對筆者的提問。

哈洛威的 PV，起碼在意識形態上，幾乎完全符合人類學文化批判的精神，雖然結果不盡令人滿意。而史翠珊的人類學研究，後來也從新幾內亞轉到英國自己的生育與基因技術議題。或許如此的比較，我們可以多一層理解人類學家紀爾茲、馬可斯、還有史翠珊對 PV 不同的觀感。

　　以上，是本書的第三章。討論了八〇年代女性主義科技研究最有企圖與分量的專著 *Primate Visions* 之後，以下是本書的第四章，我們要討論哈洛威近十年之後的另一本重量級的專著（*Modest_Witness* (1997)）。雖然多年來 FSS 如哈洛威等人常覺得 STS 的主流不重視她們的研究與方向，但她個人因此書第一次得到 STS 的高度肯定，得到 1999 年國際 STS 學會的 Ludwig Fleck 專書獎 [20]。繼而一年之後，哈洛威大約是以三本書 [21] 而得到 STS 學會的最高獎項 Bernal Prize（2000）的第一位 FSS 學者。

---

20. 需要注意的是，第一位拿到 STS Ludwig Fleck 專書獎（1994）的 FSS 學者是施賓格 1993 年出版的 *Nature's Body: Gender in the Making of Modern Science*。

21. 應該是本章的 PV（1988），下一章的 *Modest_Witness*（1997），還有哈洛威的論文集 *Simians, Cyborgs, and Women*（1991）。

第四章

*Modest_Witness@Second_
Millennium.FemaleMan©_
Meets_OncoMouse ™*
**與 STS 的互相探索，
與可能的交流**

哈洛威 1997 年專書的複雜書名（如本章標題），簡稱 *Modest_Witness*，是一個 email address，代表或間接指向的是 21 世紀的科技／社會（technoscience）。[1]這本書的內容複雜，討論 SSK 的名著 *Leviathan and the Air-Pump* (LAP), FemaleMan©, OncoMouth™, Gene, Fetus, Race/Vampire 等特別的主題。此書也與 STS 關係密切，哈洛威因為此書而得到國際 STS 學會 1998 年的 Ludwik Fleck 專書獎。但奇特的是，STS 的兩本旗艦型的期刊，在過去並沒有刊登過此書的書評，對此書的討論也很少。無論如何，二十年後，2018 年 *Modest_Witness* 出版 20 年版，有篇類似新導論的文字，是古德芙 2018 年對哈洛威的訪談稿。古德芙首先問到為何此書的 email address 要以「modest witness」（謙遜的見證）為起頭，這當然來自 LAP 的重要概念，於是她特別回顧或回憶到：

> Yes, this is the influence of *Leviathan and the Air Pump* (1985), Simon Schaffer and

---

1. 見本書第二章第七節對此詞的解釋。

Steven Shapin's great book. The impact that book had on everyone was enormous but its argument about the production of knowledge incorporated nothing from feminist science studies. So, in a significant, deliberate way *Modest_Witness* was a reaction to it, as well as to Bruno Latour's *Science in Action* (1987).

這段回憶很重要，之前筆者雖然熟知此書第一章在討論 LAP，但不知道此書「其實是因為看重、甚至是特別針對 LAP 一書而做的回應」。這就添加了此書對 STS 的意義，而且對於詮釋此書，也增加了新的 STS 向度。經過了二十年，哈洛威仍然不忘提到說 LAP 沒有用到任何當年 FSS 的研究成果。

Modest_Witness (Part Two) 重 要 的 第 一 章（Modest_Witness@Second_Millenium），已 於 本書第二章第二節針對哈洛威這一章有詳細討論，就不在此贅述，它是個對 LAP 乃至 STS 一個比較基於性別研究的精彩評論。雖然謝平後來在 *A Social History of Truth*（1994）的第八章討論到了

「Invisible Women」，涉及性別議題，但哈洛威指出，問題的重點不是女人，而是男性的性別建構。話說回來，哈洛威此章的性別批評，主要基於波特的 *Gender and Boyle's Law of Gas*（2001），其實是本比較單薄的書，而且似乎後來沒有進一步的發展。但總之，哈洛威在第一章引經據典的性別評論，為 *Modest_Witness* 開出了一個漂亮的起手式。不過我們也可以注意到，哈洛威在此章並沒有做科學史方面的第一手研究，17 世紀歐洲的 FSS，仍然有許多地方可以深化，包括波義耳本人一些有點女性化的畫像與雕像，這不知是否是波特過去提到歐洲 16、17 世紀的 'haec vir'（女性化男人）傳統的一種弔詭的延續，值得做性別視覺文化的研究。

一、第二個千禧年，哈洛威的後現代議題

在第一章的尾聲，哈洛威正式開始一個新時代的描述，的確，這是個對 LAP 與 SIA（*Science in Action*）的反應，女巫般（radical science activists like me）的哈洛威將打開她的潘朵拉盒子。哈洛威出身天主教，有深厚的啟蒙科學教育背景，所以基

督教千禧年所代表的歷史觀，一種結合著進步、拯
救與末世的歷史視野，是哈洛威承認且無法甩掉的
傳承，但同時，她也嚮往基督教歷史外的所謂「異
端、異教不敬者、猶太人」（p. 2）等隱藏在地下
的另類歷史，嚮往在地下反抗主流霸權的女賽伯格
的勇氣與另外一種謙遜的見證[2]，所以她所經營的
論述，既非單純的反抗論述，也非主流論述，而
是一種在二者之間的剃刀尖上的書寫（p. 7）。那
麼，除了看到「第二個千禧年」在基督教傳統中的
意義外，哈洛威還在刀尖上看到了什麼特別的時間
組合點呢？

　　她看到了後現代議題在這裡顯現特別的意義。
關於當代是否可說是後現代，當然爭議很多，哈
洛威首先排除了 Rabinow 反對後現代提法的理由
（pp. 42-43），認為他沒有充分注意到當代主體與

---

2. 哈洛威這裡的賽伯格（pp. 1-2），應該就是 Marge Piercy 的
　　後核爆 *He, She and It*（1991）裡面的 Nili. 但也有點類似哈
　　洛威後面討論的 *the Female Man* 裡面的 Jael, 見後。本書對
　　賽伯格一詞的基本解釋，大略見 pp. 51-52，還有頁 280，註
　　2。從實驗室的改造白老鼠、太空艙裡的猩猩、到軍事的賽
　　伯格戰士、乃至科幻小說家 Piercy 的女賽伯格都是，而後者
　　是哈洛威較喜歡的代表。

客體、文化與自然這些大範疇的內爆（implosion，見下），以及千禧年左右（尋求人類基因體）在生物科技、資訊電腦等這些新科技／社會上高速的發展。很多過去重視的邊界，如主體與客體、人與非人、機器與有機體之間，都逐漸的被跨越與重組，而常組合成新的「嵌合體」（chimeras）或某種賽伯格。這些新的嵌合體，哈洛威認為構成了千禧年的當代行動者要進入當代世界時的「必要通過點」：晶片、基因、鈽炸彈（見下）、胚胎、種子、腦、生態系統、資料庫等。把當代旅行者拋擲入現代世界的，就是上述這些蟲洞（wormholes）[3]。而 17 世紀的空氣泵浦，只是這些新生的嵌合體的遠祖。

　　Modest_Witness 一書的主要論點，就是隨著千禧年前後出現的那些必要通過點一個個地來描述與討論。這些通過點，也是物質－記號學（material-

---

3. 哈洛威這裡有著一連串在 *Modest_Witness* 中常用的比喻，如內爆、蟲洞等。內爆一詞在第二顆原子彈（胖子）的內爆模型後比較流行，而蟲洞則來自相對論裡面說可以跳躍到極遠距離或時間外的捷徑可能，從哈洛威熟悉的科幻系列 *Star Trek* 以來，也常用此比喻。

semiotics）下的修辭譬喻（tropes），既有物質性，也有廣泛的譬喻關連性，如基因、胚胎等。與此書幾乎同時出現的哈洛威另一本古德芙訪談錄 *How Like a Leaf*（1998），中間提出了一個「Menagerie of Figurations」（pp.135-8）的「譬喻動物園」說法，也可以與這裡的必要通過點群組相呼應。在那個動物園裡，除了上述的那些必要通過點外，哈洛威加上了她早期曾專注過的靈長類、還有後來她更重視的犬屬（Canis）、以及吸血鬼等野獸。問題是，為何在千禧年的嵌合體、或在譬喻動物園裡的譬喻，剛好是這些呢？隨著冷戰結束、柏林圍牆的倒塌，或許銨炸彈會逐漸離開譬喻動物園，而同時因為基因體的研究發展已經從人到狗，使得犬屬的歷史、基因以及與人類的歷史考古關係等資訊大增，哈洛威剛好也成長於養狗家庭，於是狗開始進入她的譬喻動物園中，哈洛威後來的著作如 *When Species Meet*（2008），似乎也顯示這個動物園家族本身的演化。

那麼，原本人與物的分類、主體與客體、人與動物的穩固分類，為何對哈洛威而言，會內爆，分類高牆的崩壞，牆內外的元素彼此衝撞而讓所有這

些碎片混融在一起呢？筆者思考大致上有以下幾個原因。一，基於拉圖的 SIA 所發展的 STS 理論，認為傳統社會學的社會與自然的基本分法（如涂爾幹的傳統）出了很大的問題，從 LAP 的出版以來就開始質疑這個從波義耳而來的近代世界之基本設計：政治與科學的二分，且後來更無法解釋當代世界所生出的許多雜種 —— 各式各樣的自然與人工的混同，如氣候變遷、GMO 等。二，哈洛威出身生物學，自然與社會的二分在過去就是不斷對她宣傳的主流意識形態，但是從她《靈長類視野》的研究以來，她看到其實人對社會與自然二者的認識，其實基本上是平行而類似的。從殖民帝國的東方主義、到猿猴的東方主義（尋求人類家庭起源的想像）[4]，從完美雄性動物樣本與男獵人的對決、到珍古德與黑猩猩的握手，乃至從女性主義社會生物學認識到女人與雌性靈長類的類似生存策略等，所以自然與社會的傳統大二分法，在靈長類研究裡發生了很大的問題。三，至於基因科技的大行於世，

---

4. 關於猿猴的東方主義（Simian Orientalism），參考哈洛威 *Primate Visions* 第一章。

純生物受人類勞力／智慧所改造的 GMO，甚至後者還大肆侵入到法律及商業的領域，如下面哈洛威要討論到的基因改變的腫瘤鼠（OncoMouse），也是對人造物與動物之間區別的挑戰。還有，因為人類基因體的本體意義與商業法律意義，人究竟是基因體、還是活生生的人，那一種更根本？下面會進一步討論。

以上三點，大概可以說明哈洛威所相信的傳統概念分類的內爆情況，我們可以有保留地暫時接受。如就第一點而言，拉圖的說法在 STS 內部是有不小辯論的，也呈現在 SSK 與 ANT 的辯論上，究竟拉圖／哈洛威的知識論論點可以發展到什麼程度？或許是可疑的[5]。而就第二、第三點而言，這個內爆，究竟會混沌到一個什麼程度，還是其實也有個暫時性的結構？如所謂譬喻的動物園，會繼續內爆下去嗎？還是仍是個相對穩定的動物園，有它的時代機緣，到後來鈽炸彈可能也會被犬屬取代。

---

5. 特別是，任何自然與社會的區分都沒有意義了嗎？見下一節的討論。同時也參考筆者（2019）第四章第四節的討論與筆者本人的批評。

二、腫瘤鼠™與女男人 © 的出世，
及其可能的相遇

　　從二次大戰後期製造原子彈的歷史中，科學家透過人工方式，建構了超越當時自然界所知的最高原子數（鈾 92）的元素鈽（PU）94，原子量 239。這是哈洛威所說的「超鈾元素」（transuranic）（p. 54）。同時，因為基因科學的發展，操弄基因的新技術不斷發明，生物學家也人工合成了所謂「超基因有機體」（transgenetic organism）（p. 55）。過往人類以為元素有個天然的界線，或以為自然演化的動植物基因有個自然的架構，但這些「自然形成與演化」的天然藩籬，都逐漸被打破了[6]。人工與自然開始混沌不清，人類也開始干預自然演化的路徑，不知是否還可以等到哪一天成

---

6. 當然，科學家過去已經習慣，自然界的新元素會不斷地被發現。當年拉瓦錫（1789）發表自然界只有 33 個元素，在門得列夫週期表的影響下，19 世紀末科學家發現了 85 個元素，而 1990 年代以來連鈽也被發現在自然界有微量的存在。哈洛威這個超鈾元素例子的論點，是否就一定打破了一般相信的自然與人工的界線，很難說。畢竟改變的只是界線往上的逐漸移動，但界線本身仍然可說，並有其歷史意義。

為上帝。同時，生物學界的基因工程論文大幅暴增，而經過人工小改變的有機物基因，因為有勞動的注入，就被認為是發明，可以申請專利，哈佛的腫瘤鼠，就是於 1988 年第一個獲得法律授予專利的所謂人造有機物。一時之間，許多從基因工程學界研究出的技術，不斷流進民間自組的發展公司，連科學的頂尖雜誌如 *Science*, 也常刊登這類的儀器與技術的廣告，常充滿著想像與卡通（pp. 63-5）。

哈洛威也從給予專利的例子，往前追溯 18 世紀當年資本主義或帝國主義的實作：在自然或人們所共有（common）的土地上，只要個人注以勞力，就可變成為灌輸勞動後的私有財產，這是洛克的私有財產論。英國圈地運動（enclosure）就是這種論點的實踐，而因為要養草地上的綿羊，可以把農夫趕到城市的血汗工廠去。同時美國西部擴張運動的殖民者也可以圈地而把印地安人趕離原鄉。在類似的情況下，科學家只要把有機體的基因體注入新基因或改變原有的基因，美國的專利法律也就授與這個所謂的 GMO 有了專利權。這個新的對世界上許多有機體所進行的基因「圈地」，透過後冷戰

更為發達的世界跨國大生技公司，在千禧年的主流時代裡，成為哈洛威所提到的新世界秩序（New World Order）的一部分。

但在那個新世界秩序中，哈洛威常看到的是一個怪物肚子裡的世界，所有過去的純種與純粹、天真的自然和諧等等，都已經破碎而無法修復，哈洛威反而看到的是一群新的親屬（kin），從 PU^{239} 到超基因有機體、到輸送世界各地的各種異己與實驗動物等，那真是我們這個時代需要負起責任的新家庭。而超毒超毀滅性的 PU^{239}，即使冷戰結束，它還是遍布全球，各國的民間部門其實生產更多（p. 55）。不論喜歡與否，「我生下來就註定是鈽的親人！」哈洛威如是喊出（p. 62）。

但在這個科技／社會（technoscience）中，那些被專利權捆綁、改造的有機體，特別是那些為了女性癌症病患而犧牲的基因工程有機體，哈洛威怎麼看待那些有機體的痛楚[7]？為了治療乳癌，科學家把乳癌基因注入實驗鼠體內，讓他／她們得到乳

---

7. 哈洛威說她在此書中並沒有處理在科學裡的動物實驗的道德問題與爭議，但所有的相關科學實驗應該要正面承認這個問題。見 p. 290, note 54。

癌，來作為測試治療乳癌新藥的動物實驗。這就是有名的腫瘤鼠（onco-mouse）。哈洛威對腫瘤鼠還有發展製造她們的杜邦公司，做了比較詳細的一手研究。哈洛威說（p. 79）（注意到其中基督教的拯救史觀與基督受難，而女性常被召喚其中）：[8]

> OncoMouse™ is my sibling, and more properly, male or female, s/he is my sister... S/he is my scapegoat; s/he bars our sufferings; s/he signifies and enacts our mortality in a powerful, historically specific way that promises a culturally specific kind of salvation–a "cure for cancer." Whether I agree to her existence and use or not, s/he suffers, physically, repeatedly, and profoundly, [so] that I and my sisters may live...

透過各種訪談與檔案，哈洛威追溯了杜邦公司

---

8. 套用凱勒（1983）著名的 "A Feeling for the organism" 概念（與有機體一生的融會）（傅大為 1999），或許哈洛威這裡表達的，也可說是一種 "A feeling for the oncomouth"。

生產腫瘤鼠前後的歷史。20 世紀的杜邦公司一共
建構了三項新世界秩序中的新公民：尼龍、鈽、還
有跨基因事物。杜邦從製造無煙火藥開始，到二戰
前發展尼龍，再參與曼哈頓計畫製造原子彈，後來
再參與生物基因工程事業，一直到 1995 年杜邦才
離開生技與製藥業，再轉而投資其他（p. 87）。
事實上腫瘤鼠是公司化生物學（corporatization of
biology）過程中後來一連串「協同（cooperating）
老鼠與分子」的始祖。後來基因改造的老鼠為了
要符合顧客的更多要求，發展出例如透過仔細基
因設計下的「最引人的老鼠」（knockout mice），
成為以後基因學、免疫學、還有發展生物學不可
或缺的研究工具，也不見得是在為女性健康而服
務。生物公司熱心方便顧客的要求，客製化的老
鼠也成為後來如「打電話叫車」一樣的日常慣例
（dial-a-mouse）（p. 98）。如此，稍早嫌粗陋的
腫瘤鼠就被擠壓到邊緣，同時杜邦也即將對生技製
藥減資，被冷落的腫瘤鼠後來竟成為成為被社會遺
棄者的吉祥物。腫瘤鼠最後被領養在某些尋求再
生的社區裡（fit community），而成為希望再生的
證人。在這個社區裡，還有另外一個酷兒，似乎

可以形成一個酷兒家庭，她就是著名的女男人 ©
（FemaleMan©），她領養了腫瘤鼠（p. 101），那
是本節後段的主題。

　　雖然腫瘤鼠從絢爛歸於平淡甚至邊緣 [9]，但是
老鼠的基因體，卻在千禧年同一個時段裡，與人
類基因體的大計畫，互相呼應。哈洛威在腫瘤鼠
「協同老鼠與分子」這一節裡（pp. 96-101），對
基因體（genome）的驚人發展，做了比較深入的

分析。因為基因工
程的大幅發展，從
一個有機個體的
DNA，到該有機
體、乃至該物種的
基因體，因為定序
科技的突破，很快
速地就發展出來，
而且許多動植物生
物的基因體定序

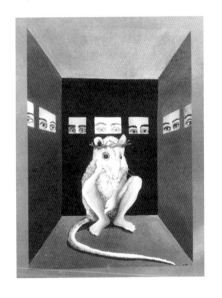

9. 下圖乃 Lynn Randolph 為 *Modest_Witness* 所繪：
"The Laboratory, or the Passion of OncoMouse"。
（已取得畫家授權）參考 p. 47 哈洛威精彩的圖
說，類比腫瘤鼠受難圖成為戴桂冠的基督受難
圖。（彩圖版可掃 QR）

也相繼問世，並取得專利，最後當然是人類的基因
體計畫。進一步，許多基因體組合在一起，形成了
基因體的資料庫，哈洛威稱這是從傳統的有機體、
DNA、基因體、基因體資料庫，一層層的大量資
料如雪崩般不斷地瀉下來，配合著資訊科技的深入
發展，這是好幾層的「結構的結構」，下面談版權
品牌時還會談到。因為基因體是生化有機體的觀念
結構 [10]，一個結構的結構，但同時也是二階的物質
實體，可說是該有機體的本質。所以符號（觀念）
與所指（實體）、再現與真實的區別開始崩塌。所
以特別因為千禧年以來基因體與資訊科學的發展，
哈洛威從這裡發展出她「內爆」與蟲洞的譬喻或論
證（p. 99）。同時，其實在人類基因體計畫裡，
鼠類的基因體還扮演著核心的角色。哈洛威在科
學期刊中看到鼠類與人類基因體「同構」的說明，
而且鼠類基因體是人類基因體研究的重要模型（p.
100），就像當初腫瘤鼠™與乳癌婦女的特別關係
一樣。

---

10. 粗略的說，基因體指某一特定物種細胞內或病毒粒子內的一
整套遺傳物質。基因體包括基因和非編碼區，以及粒線體
DNA、葉綠體 DNA 等。

被哈洛威認為是英語世界女性主義科幻小說的奠基之作，Joanna Russ 的 *The Female Man*（1975）在 *Modest_Witness* 中經過轉化，有著特別的意義。哈洛威希望原作者能夠原諒她，因為她部分轉換了此書名，並把版權設定在此書的譬喻與文本上，而非作者（p. 71）。就如前面討論勞力如何正當化了把共有（common）轉化為私有，哈洛威也檢查了版權的歷史，如何從過去文字文本基本上是共有的（literary commons），到 18 世紀以後透過個人的創意與勞力的介入，而進行了另外一種文字圈地，形成了後世作者個人的版權。但是基於法律學者 M. Chon 的研究（p. 73），從美國憲法開始，其實發明者與作者的權利，是基於一個更大的集體價值，所以共有的原本理想，可能在版權中被再設定起來（reconfigured commons）。後現代對啟蒙的批評，並無法完全否定這個共有的理想，但是同時，對這個理想的質疑仍然存在，也就是怎樣才算進步與知識、為誰、代價為何？

The Female Man 的故事，原本是四個基因相同的女複製人（Jeannine, Joanna, Janet, Jael），各自處身在不同的時空中，前兩個 J 活在我們世界的

不同時空中，Janet 來自 Whileaway 的純女性烏托邦世界，粗線條而開放，Jael 則來自男人與女人各佔據一個大陸而彼此交戰的世界，她是經過科技改造的賽伯格女刺客，銀眼銀髮、鋼牙利爪。小說本身，是透過 Jael 使用科技的促成，讓後來四人彼此前後相遇所說的故事。表面上，Jael 要和她們三人「作點交易」，但實際上呢？此小說文字與風格多變而觀點跳躍，很不容易讀，大多都是四人前後各自敘說自己混亂的身世甚至殘破的過去，雖然具女性主義意義加上科幻想像的身世故事令人心動，但讀來更像一個個獨立的小傳記，四人整體發生的小說情節並不多。小說包括了 Jeannine 及其家人為她婚姻操心與她自己猶疑的過程，Joanna 則似乎是隱身 Jeannine 背後的陰暗女性主義反省，Janet 來到地球怒打教訓了宴會裡的沙豬男人，後來再引誘與另一位女孩做愛，還有 Jael 冒充使者到男人大陸中去斬殺了沙豬主管，回家後再與一位被她電腦控制的美男孩上床、主控做愛等等。雖然來自不同時空世界，她們的邊界多少是混亂的，問題是她們如何才能夠在好故事裡成為真的英雌、是否四個 J 女人都能夠活得好好的也有意義？對 Russ 與哈洛威的

讀者而言，另一個問題是，此小說名雖然是哈洛威書名的一部分，但它究竟在 *Modest_Witness* 中的意義為何？出版於七〇年代，此小說在當年第二波女性主義興起的時代裡，應該有相當的原創震撼力，但裡面的一些想像，在今天已經挪用成為日常科幻影視中的商業題材。

而哈洛威的另類挪用，是把這個故事的書名轉化成一個合成字、一個特別的版權招牌 FemaleMan©，就如故事裡的女賽伯格 Jael 問道：「我是誰？我知道我是誰，但我的招牌名字（brand name）是什麼？」（p. 70）[11] 所以，哈洛威把這本小說名稱轉化成一個商業招牌化（enterprised up）的普遍女人的名字 FemaleMan©，她也是 Jael 的姊妹。於是，哈洛威對此招牌名字做了進一步的詮釋，包括她自己在美國學術界的反省。

因為人類基因體的發展，後來「我們」的基因體就收錄在 GenBank© 裡面，變成是基因體的資料庫保證了我們的真實。所以「人」從本來的生物

---

11. *The Female Man* 小說中沒說清楚，但可以猜測，一個經過高科技改造的賽伯格 Jael，她目前的工作是暗殺，她應該也屬於女性大陸中的某個品牌，但對 Jael 而言，那也模糊了。

分類中的一個類，後來成為了市場上有法律保障的一個品牌。哈洛威覺得在這個後現代的時序裡，符號與所指、或再現與真實的區別崩蹋了，基因體同時是資料庫與物質實體，同時在 GenBenk© 與凡人肉體（p. 74）。於是，透過版權符號「©」，作者這個類型與創作力，就被物化成為具有版權保障的智慧財產。自我的真實性也被版權所保證，這也是一種類型變成一個品牌。在這裡，哈洛威激烈地幽默了她自己，其實，或許就像《女男人》小說中一個個具女性主義意義的起源故事或小傳記，FemaleMan© 也喚起了她自己的起源故事（p. 75）[12]。她也自知身處在美國學界女性主義、科技研究、文化研究的商業出版網絡中，所以 FemaleMan© 是個最恰當的視角，可以來檢查哈洛威自己的位置、還有許多在科技／社會中展示的那些製成品。此視角很反諷地體現了製作女性主義與製作科學的那個集體努力過程，但那集體努力同時也在文本、產品與作者的市場中被解構、被

---

12. 哈洛威自己的起源故事，可以參考她的訪談錄 *How Like a Leaf* (1988), part one and two。

私有化地據以為用。所以就像其他逾越者一樣，FemaleMan© 對所有自然界的種與類而言，就是性病，與腫瘤鼠™以及其他對自然的猥褻物一樣。FemaleMan© 是個失去純真的女人。但是，哈洛威在新世界秩序的陰影中看到她的進步與希望：

This is the world in which the FemaleMan© lives among the other undead [e.g., UncoMouse™], trying to fashion a workable doctrine of property, commons, liberty, and knowledge. She seems to be poor material to ground a new constitutional story, but I find her confused status promising, even progressive. (p. 74)

哈洛威也覺得 FemaleMan© 可以幫助我們重新思考各種重建知識「共有」的可能性、更可以存活的財產法律、還有一個更擴張具包容性的科技民主（p. 75）。

就像雪萊的 *Frankenstein*，哈洛威認為 Russ 的 *The Female Man* —— 女性主義科幻的奠基之作，兩

部小說都碎裂了她們各自時代中（從啟蒙到新世界秩序）主流的夢想與期待。二者的關係，有點像侏儸紀公園裡逃離的複製恐龍與邊緣化的腫瘤鼠™二者的關係（p. 285, n. 28）。

三、基因拜物教與過程的本體論

Modest_Witness 一書的結構複雜，如一個網絡般的蔓延物（rhizome），有著各種出口與祕密通道，不是一般簡單的章節大綱可以說明的，這當然也很容易困擾讀者。在此書的第三部分，Pragmatics 的第四章「基因：生命本身的地圖與畫像」中，我們除了看到哈洛威推展馬克斯的論點來批判各種拜物教（地圖拜物[13]、擁有物拜物、基因拜物、基因地圖拜物）的說法外，在過程中她也展示了另外一種類似本體論的網絡（network）／節點（node）理論。

---

13. 哈洛威討論地圖作為一種物化的客觀物，包圍著世界裡面的一片地域，但卻隱藏了地圖裡面為什麼要顯示某些、掩蓋另外一些，隱藏了看圖者的欲望、他與地圖其中他認為有價值東西的關係，成為一種類似 Traweek 描述高能物理學家的 a culture of no culture（pp. 135-6）。

在哈洛威批評基因拜物教的過程中，她特別點到基因：那個 24K 金的大分子物自身（things-in-themselves），它們成為了價值的來源。這種基因拜物教否定了所有從研究者、農夫、工廠工人、病患、政策擬訂者、分子、有機體模型、機器、種子、森林、金融工具電腦等等作為基因的「自然－社會」連結與行動者的關係，是它們才把「基因」帶入了一個物質－記號學的存在（p. 143）。在這裡，基因商品的拜物教沒有什麼特別的，它與一般的拜物教一樣，因為聚焦於交換的領域而掩蓋了生產的領域。唯一對馬克斯要做點小修正的，是他需要記得其中的非人的行動者。所以，基因、有機體這些是什麼？它們不是被發現的，也不是被捏造出來（not made up）的，就如過去哈洛威引用西蒙波娃談女人的說法[14]，有機體不是天生的，而是被做出來的（was not born, but made）。「有機體作為知識的對象，是在改變世界的科學論述的實作裡，一直都是在特定的時間與地點中被集體的行動者所

---

14. 參考哈洛威 1992 年的 "The Promise of Monsters" 第一節 A Politics of Artifactual Reproduction, 特別是 pp. 297-298，對這種意義的「有機體」做了難得的仔細說明。

做出來的」（Haraway 1992）。所以，哈洛威也同時提出「實體化」（corporealization）的概念：像生醫中的「有機體」這種科技／社會的物體，是從所有非止於人、非止於「我們」的行動者的互動中所凝結下來的節點（nodes）。或說，基因是許多行動者，人與非人交會之處的一個有經久持續行動（durable action）的節點（p. 142）。

在這類似本體論的討論中，哈洛威特別強調過去哲學家懷海德的看法。在 20 世紀二〇年代量子物理與相對論興起的時代中，懷海德不否定簡單物質的位置與特質這些概念在日常生活中的功能，但這些抽象的邏輯建構（位置與特質），不可以錯誤的就認為它們就是「具體」（concrete）的（p. 147）。懷海德強調實在其實就是過程（processual nature of reality），所以他把實際的物體稱之為實際的場合（actual occasion）。這是懷海德對一個連結（nexus）的觀點：「一組實際物體因其相關性，而被那組事物彼此的認識而整合，這個彼此的認識也可說是彼此的對象化（objectification）」。哈洛威認為在這裡的對象化概念，很類似她自己說的那些突變後（mutated）的謙遜見證（如放逐的

女男人與腫瘤鼠）。

　　有了這樣蔓延物般本體論來認識生物有機體，哈洛威於是開始討論一些著名科學雜誌中的商業卡通漫畫。似乎覺得透過這些漫畫，她就可以簡單地展示出商業基因拜物教的元素，透過玩笑般的卡通儀器與試劑廣告，也浸透在最頂尖的 *Science* 雜誌中。為什麼研究這些玩笑般的商業卡通？透過哈洛威自己承認的過度詮釋（如看到其中的各種性別父權與利益）、對之開玩笑、並提供一個驚悚的閱讀法，可以證明什麼？哈洛威自己的說法是「開玩笑是我工作的方式，是我在可敬的科技／社會與可靠的 STS 的雙重邊際啃食的方式」（p. 154）。其實只有刀鋒（edge），沒有刀鋒的兩旁（內在可敬的科學論述 vs. 外在世界對科學的陰謀論懷疑）存在。最後，哈洛威宣稱，我們發現玩笑其實是針對在刀鋒上的我們自己，因為無論內在的或外在的都是謊言，都是經過純化而極端的論述。

　　以上，是筆者簡略地挑出 *Modest_Witness* 一書的幾個重點來加以敘述與解釋，但無論是一般或 STS 的讀者，大概都會有些疑問，甚至一些 FSS 的讀者可能也不見得能完整掌握哈洛威這裡展示的某

種後現代思路。以下，筆者就嘗試從 STS 的角度，
對以上的討論提出幾點評論。

四、幾點 STS 的評論

首先，是本章第一節所提到的哈洛威的譬喻動
物園（menagerie of figuration）及其相關議題。

從哈洛威的賽伯格以來，到後來的靈長類、基
因、銥炸彈、腫瘤鼠、資料庫、胚胎等，她總是會在
某一個時期特別著墨與強調某些譬喻（figurations），
而這些譬喻涉及的範圍、繼而影響的後果都很巨
大，是哈洛威特別需要關切的。這些修辭譬喻
（tropes），大概可以是模型、隱喻（metaphor），
但不只是隱喻，還具有物質網絡般的性質 [15]，用來
瞭解當代科技／社會（technoscience）廣泛的文化
現象、包括科技的一些核心內涵。前面第三節筆者
談到哈洛威如何批評基因拜物教時，也就展示了如
基因、有機體這些譬喻的物質網絡樣態。但是，我

---

15. 參考哈洛威的訪談（1998）*How Like a Leaf*, "More than Metaphor" 一節。

們若從 STS 的角度來看，這些譬喻，究竟是什麼？
我曾提過，就如波動、太陽系這些科學的隱喻模
型，在科學史中曾經用來研究光學、原子理論，或
許哈洛威的譬喻也可以用來理解當代科技／社會裡
的許多文化現象，但卻不見得是理解某科學領域裡
的「知識隱喻」。如哈洛威所討論的靈長類視野，
它可以理解近代歐美世界受靈長類的吸引、並想像
它可能是人類家庭與社會的源頭與權力關係，但卻
不見得可以當作理解黑猩猩行為的恰當知識隱喻，
起碼有相當的爭議。哈洛威的腫瘤鼠，可以理解商
業化生物醫學的歷史軌跡，以及與千禧年以來其他
各種基因改變生物所可能有的邊緣生命軌跡，但卻
無法讓我們理解鼠類如何成為腫瘤鼠以及其對人類
乳癌病患的對應醫學知識。傳統的知識隱喻，往往
侷限在某個學科裡而發揮作用，只偶而可以擴張成
一個時代的哲學，如笛卡爾的機械論哲學。但哈洛
威所認定的譬喻，因為它蔓延的網絡性質，雖然大
概不是內在的知識隱喻，但它們往外發揮的動力特
別強，可以跨越人文社會歷史與科學、還有權力關
係與鬥爭，進而形成近代科技／社會核心的譬喻。
當然，哈洛威的譬喻，不一定以真實現存的事物

作為譬喻，如 FemaleMan©，或如多變的賽伯格，不過，科學的知識隱喻，如波動、如笛卡爾說世界作為一大鐘錶、如哥白尼的太陽崇拜等，雖然也模糊，但卻是深具知識與理論啟發性（heuristic）的隱喻。當然，除了一般知識的隱喻外，我們怎麼看凱勒（1983）討論麥克林托克以電子顯微鏡研究玉米染色體時的一種「與有機體的融會」（feeling for the organism）的方法或隱喻？它不止於知識的隱喻，還包括了研究者的情感與全身投入，但也尚未延展到如腫瘤鼠一生的物質網絡那麼延展廣泛。[16]

相較於 STS 中的經典案例，筆者覺得哈洛威譬喻動物園的另一特色是，這些譬喻動物，都比較處在科技與社會的中間地段，既非待在科學內部的深奧難懂之處，也非流行在普通的社會日常之中，所以它們一旦行動，就容易上天下地，很容易跨越各種邊界，甚至跳到許多科技商品廣告卡通的分析去[17]。反之 STS 的案例或模型，則執著於科技案

---

16. 參考傅大為（1999）。
17. 可參考名科學史家 Evelyn Hammonds 在 *Journal of the History of Biology* 的書評，對此哈洛威書討論廣告部分的保留（1997）。

例的本身細節與微觀權力，若真要跳脫到案例的外在社會，也十分謹言慎行，避免天馬行空，如我們看到的重力波探測、挑戰者號災難研究、洲際飛彈導航系統的發展、泥盆紀爭議、甚至皇家學院的空氣泵浦、巴士德的疫苗、Salk Institute 的促甲狀腺素釋素都一樣。最後，從科學哲學、科學史與 STS 來說，一般科學裡的隱喻，是否成功，除了來自科學家的共識或協商外，有時還有些其他標準可言，例如從隱喻發展出模型或理論，可以成功進行預測與解釋現象等。反之哈洛威的這些譬喻動物，怎麼樣可以說是一個成功的譬喻？如基因、女男人或腫瘤鼠，真的可說是深入現代科技／社會的核心、並與之共鳴的譬喻嗎？又如如何可以證明說的確如此？似乎頗為模糊[18]。難道就像藝術品或小說一

---

18. 同時，如上面提到的 STS 許多重要的案例研究，在哈洛威的角度看來，大概就不是譬喻動物園裡的核心譬喻了。何況，哈洛威所提的核心譬喻，似乎多少都是現代社會裡最新的科技及其譬喻，她所謂的「新世界秩序」。那麼現代科技／社會中的老舊科技，難道同樣就沒有意義了嗎？老科技其實是不斷地在形構、在衝擊我們的。可以參考重要技術史家 David Edgerton（2007）的 *The Shock of the Old*，台譯本為《老科技的全球史》。

樣，即使有辦法分析可說其為何偉大，但總不如科技分析與檢證的明確。何況，即使是藝術史的分析方法，通常也是有憑有據，在一定的範疇裡面仔細經營，而非如在千禧年、「新世界秩序」的內爆之後，核心譬喻動物因為各種範疇邊界的崩壞而似乎可以自由行走、跨越而無礙。

千禧年後的內爆，當然不見得就是個缺點，甚至與 STS 中的 ANT 流派有些親近性，雖然這並非 STS 內部的共識且十分具爭議。但 *Modest_Witness* 除了常強調譬喻與物質－記號學之外，很少仔細說明某些原則、方法或解釋。哈洛威對譬喻動物園裡成員們的描述與分析，在 *Modest_Witness* 一書的範圍裡，就已經包括了銥炸彈、腫瘤鼠、女男人、基因、胚胎、與種族科學吸血鬼等，涵蓋範圍很大，自然無法如 STS 的經典案例那樣，以一本書一個案例來進行。不過，在千禧年之前的譬喻動物園，則包括了本書幾乎不談的靈長類動物，且哈洛威則曾以一巨冊的 PV 來寫她們，那也是本書第三章的主題，所以她不是不曾專注在一個單一主題上企圖做窮盡的書寫。以上的評論，或許可以讓我們多少可以理解一些，為何 STS 學會覺得 *Modest_*

Witness 是本精彩的 FSS 科技／社會著作，並得到了 Ludwig Fleck 專書獎，但一般 STS 人也的確很難對之評論，畢竟彼此的差異仍然太大。也或許，這是 STS 學會的一種遠見，讓 STS 人能夠注意與學習到一本與一般 STS 很不同的 FSS 著作？

第二，筆者再討論一下哈洛威的內爆論證，還有內爆之後另一些可能的後果。

如本章第一、二節提到的，哈洛威在 *Modest_Witness* 書中，建構了她自己關於內爆的論證。第二節在討論基因體時說：因為基因體同時是生化有機體的觀念結構，一個結構的結構，但同時也是二階的物質實體，可說是該有機體的本質。所以符號與所指、再現與真實的區別開始崩塌。也就是說，基因體不只是有機體的觀念結構（符號或再現），同時也是後者的本質（所指與真實），或說是有機體的二階實體。哈洛威這個符號與所指、再現與真實「崩塌」的論證，構成了她千禧年「內爆」說法的主調，甚至傳遞到她後來討論真實自我、作者與品牌的議題上去。進而，生醫工程配合基因體資料庫的不斷發展與擴張到包含一切，使得我們身陷其中也受其召喚，使得一切都是內裡的關係，也只有

內爆，而幾乎沒有傳統的外在因素來製造扭曲（p. 97）。但是，哈洛威的這個論證（一階有機體與二階本質彼此層次區隔的崩解）是否經得起哲學邏輯上的分析考驗？仍可待進一步的討論。

再說，或許我們暫且先不論哈洛威這個論證是否有效，而來察看內爆的後果是否皆是好的。在這裡，我們可以參考名生物科學史家普拉特（Robert Proctor）1998 在 *Bulletin of the History of Medicine* 上對 *Modest_Witness* 發表了很有意思的書評。普拉特覺得，內爆與跨界的後果，有時是哈洛威所喜歡的，如作為基督式的犧牲、女性化身的腫瘤鼠（見本書 167 頁所附 Lynn Randolph 的腫瘤鼠繪畫），她後來可以是女男人、後現代女性主義者的姊妹與盟友。但另外也有很惡劣的跨界後果，包括了二戰時期的納粹主義及其種族主義醫學、冷戰時代幾乎涵蓋一切的軍事科技／社會。這些，顯然不是哈洛威所樂見的內爆面向。但是，在討論《科學》雜誌中 Neibart 的漫畫時，哈洛威突然提出她多年來遵守的一些 science studies 的倫理與方法論的原則，她所願意去批判分析、解構、跨越的邊界，「只侷限於我所愛的、或我自己深深涉入其中的」

（p. 151）那些領域。但這個突然出現的說法有點奇特，意思是有些邊界，經過內爆論證的攻擊，其實已經崩壞了，而且後果很不好，但哈洛威卻基於倫理原則而不處理。或是反之，有了那些倫理原則，或是如哈洛威原本將內爆侷限於千禧年的新世界秩序之內，那麼其他的邊界就可以維護住而不崩壞？若是後者，那為什麼某些邊界可以防止內爆論證的攻擊呢？哈洛威需要進一步的解釋。

「哈洛威或許可說是STS裡面的Salton Sea[19]」，普拉特最後如此說。"Like the early biota of that artifactural lake, flooded by the Colorado, her prose is rich in variation but freed from a great deal of selection–a breeding ground for mutants and a kind of metaphor for California." (p. 373). Proctor 引用達爾文討論新物種產生的機制之一，隔離，來比喻因為STS 過去接觸哈洛威較少，故對她作選擇的壓力也較少，所以這個 Salton Sea 就比較能滋生新變種。呼應前面第一點評論的最後，當 STS 給予哈洛威更多的獎項時，大概也就是 STS 開放更多哈洛威

---

19. 位於美國加州南方的索爾頓鹹水湖。

的變種，不再隔離而深入大海，並接受選擇的考驗時刻。

第三，筆者對本章第三節哈洛威討論網絡與節點的類本體論做點評論。

特別是因為前面哈洛威對基因拜物教的批評，讓我們可以理解到她需要提出一個網絡的本體論。在這個複雜多變的互動網絡中，有些趨向穩定的節點、所謂實體化（corporealization）的情況，那些就是我們平常所說的事物或物體，但它們不是本體、不是物自身，而是網絡世界暫時或機緣的實體化結果。但是什麼機緣才會有節點的實體化？只是暫時的？那又如何解釋世界上許多的東西其實可以存在非常久，甚至從太陽系一開始就有了。總之從 STS 看來，這似乎仍是某種徹底的包含人與非人的網絡理論[20]，包括了哈洛威所說的生物「有機體」的意義，是一種網絡集體互動的生產結果。但是，如果不是實驗室裡的有機體，而是日常生活預先存在的植物、動物或原生動物，它們的邊界早已建立

---

20. 本書第二章曾說明，哈洛威對拉圖網絡理論的詳細評論，見她的 "The Promises of Monsters"（1992）註 14 長註。

起來，只等待著正確的儀器去觀察[21]，那麼難道這些動植物也是某些網絡集體互動的生產成果？是哪些另外的集體？我們怎麼從網絡理論去討論日常生活的平凡事物？

而正是這些平凡事物，是許多社會學與社會理論的起點。前面也提到懷海德不否定日常簡單事物的位置、特質等概念，可以有其功能，但除非我們把所有的日常簡單事物都轉化成量子力學中的波動現象，那這些日常的簡單事物及其功能，似乎很難一概轉換成他所說的：都是「過程」、都是「對象化」的結果。除了拿來否定基因拜物教，筆者不清楚懷海德這個過程本體論對於哈洛威科技／社會的其他功能與意義為何？但是哈洛威立即認同了這個本體論，也會發生幾個問題：一、一個網絡理論是否真的需要這個過程本體論？似乎其功能有限[22]。二、網絡理論或過程本體論，如何能夠解釋、並能再「還原」我們日常生活的平凡事物？這可說是過

---

21. 以上是哈洛威（1992）為了對照前引的「有機物」而提到的一些其他事物（p. 298）。
22. 根據 *Modest_Witness* 的索引，全書唯一引到懷海德的地方，就是在批評基因拜物教的地方。

去寫「非洲傳統思想與西方科學」而聞名的社會
人類學家霍頓，在其續論 "Tradition and Modernity
Revisited"（1982）所說的日常生活的「基本理論」
或中等實在。它是一個非常古老的古人類生活的世
界，立基於古人類以手操作而來的協作技術，而所
有的二級理論，如近代科學的理論，都是基於這個
基本理論。這是所有部落社會及西方社會的日常生
活領域所碰到或使用的「中等實在」（中等大小、
持續而堅固的物體），都是這個基本理論及其因果
關係的世界 [23]。哈洛威在 *Modest_Witness* 一書中忙
碌於描述那些譬喻動物園中的譬喻物種，但我們還
得看她如何說動物園外的日常生活基本實在。

23.「中等大小」大約是介於比人大或比人小一百倍二者之間的
中級實在的世界。參考傅大為（2019）第四章「思考部落社
會」，p. 224。

結語

　　從原本的第一個問題：為何 STS 過去很少回應 FSS 的介入、或為何一些 FSS 者常感到 STS 人沒有認真對待 FSS 對 STS 的介入與質疑，到第二個相關連的問題：如果 STS 反過來認真考慮 FSS 的成果，例如 FSS 者哈洛威兩本 20 世紀後期的重量級專著，STS 的評估會是什麼？而這第二個問題，也正是企圖來回應 FSS 的哈洛威過去認為 STS 沒有對稱性地來評估 FSS 的成果，沒有如 FSS 過去曾認真的評估 STS 的研究一樣。

　　而筆者回答第二個問題的方式，就是透過筆者作為一東亞／台灣 STS 人，以浸淫於 STS 累積二十年之經驗與觀點，以身為度，來評估哈洛威在 21 世紀初得到 STS 學會高度評價之前的兩本專著。同時，在筆者進入 STS 之前，也曾在台灣積極研究與推廣 FSS 約有十年的經驗。所以在這前後兩種經驗的交疊中，如筆者在本書「前言」已經提

及，希望自己以身為度，來評估 FSS 過去的研究，
如此多少可以補償在 21 世紀之前歐美 STS 沒有認
真思考 FSS 成果的遺憾。筆者希望這樣的工作是
有意義的。同時，筆者在第一章就簡略地以自己的
觀點來回顧台灣的一些 FSS 者，從 20 世紀八〇年
代末開始到今天，所走過的路，所吸收、反芻與實
踐那進入台灣的歐美 FSS。同時再加上一點反省，
作為筆者這本小書討論 FSS 與 STS 歷史關係的一
個背景、也作為台灣一位以身為度的學者之身分說
明。同時，這第一章的台灣說明，更在呼應對台灣
「性別與科技」價值的關切、也積極呼應了本書所
參與的「台灣人文社會的價值基礎計畫」的方向與
努力。

本書的第二章，就是在回答前面的第一個問
題。筆者並沒想要提出一個完整的解釋，只是在描
述 FSS 過去介入 STS 的歷史中，可以從側面看到
許多跡象與趨勢、許多徵兆與可能的原因，構成了
第一個問題的形成，與回答問題的條件。當然，從
科學戰爭以來 STS 與 FSS 關係有點戲劇性的新發
展，到後來 21 世紀 STS 頒給哈洛威終身成就獎，
也許是第一個問題的結束，但代表著的意義又是什

麼?仍然可以多思考。

其次,經過了本書第三、第四兩章的評介與討論,筆者基本上在此小書的格局上,回答了上面的第二個問題:如何從一個 STS 的視角,來理解與評估哈洛威在千禧年之前、也就是在國際 STS 學會高度肯定哈洛威的工作之前的兩本最具經驗研究性格的專作。從 STS 的視角,筆者對這兩本書做出了許多的肯定與評論、甚至質疑與批評,同時筆者也參考了不少其他學者當年對此二書的書評,特別是她 1988 年的《靈長類視野》巨著。在這個評論的過程中,筆者更理解了哈洛威在她大作裡操作經驗研究的方式,同時也瞭解為何一般 STS 人無法輕易認同、或無法對此二書進行比較深入的評論。但是筆者的經驗是,如果經過積極的閱讀與思考,除了常驚豔於哈洛威的博學才華之外,STS 人仍然有可能勉力對此二書做出評論、提出問題、並與哈洛威進行可能的對話。筆者在第三、第四章的後面,就努力提出了一些與哈洛威商榷的評論。

一些學者不喜歡哈洛威的著作,因為不認同她的書寫風格,甚至不認同她有時糾結的英文書寫。但是從筆者東亞/台灣的角度來說,書寫風格可能

不太是問題，因為對筆者而言，那些都是歐美的各種書寫風格，我們都要適應。不過在閱讀上，對筆者比較造成困擾的有幾點：第一，是研究方法與思考路數。哈洛威在討論 PV 時所平衡的四種誘惑，每一種單獨來說都不難，難在理解哈洛威平衡四種誘惑的拿捏。何況她還加上了記號學、文學理論等因素參雜其中。而在 *Modest_Witness* 書中，哈洛威更是讓她的物質－記號學、措辭譬喻、文本理論等思路活躍其中，且常沒有清楚的解釋，所以讓此書的經驗研究，染上一種不易捉摸的特殊氣氛。作為 STS 人，又有著哲學、科學史、FSS 背景的筆者也需要反覆拿捏、前後參考，仍然不能說已經完全掌握此書的思路。

第二，兩本書的組織、各章內容的布局，往往相當跳躍而不清楚（尤其是 PV 的好幾章），又常有十分冗長但又具豐富訊息的註腳。這是許多書評者也都看到的，他們甚至懷疑出版二書的 Routledge 出版社有沒有進行什麼協助編輯的工作。等到 *Modest_Witness* 得獎，有更多方面的讀者時，就更需要由哈洛威的朋友對此書做進一步的解釋與說明。如古德芙幾乎同時出版了 *How to Like a*

Leaf 的訪談錄，哈洛威自己也承認，她在訪談或演講時說的比較清楚。又在 *Modest_Witness* 出版二十年版時，除了再以導言的方式出版一個新的古德芙訪談，還附了一整系列的概念 map-poem 來導引那個訪談，且在書尾還再加上一系列閱讀導引問題。這些種種，都顯示此書的難讀，但似乎又靈光處處，吸引不少讀者在挫折之後還想進入。

再者，閱讀這兩本書的內容，所需要的概念與問題的理解，往往也是驚人的複雜。筆者以資深公民的身分，比起年輕朋友或可說略多讀過點書，但仍很難應付哈洛威雪崩式壓下來的新名詞與新註腳書目，再加上哈洛威常以諷刺、幽默、還有類似女性主義巫婆式的驚人表演文字穿插其中，讓人一時難以卒讀。書中許多地方要一讀再讀，或讀後忘了再重讀等，連筆者閱讀此二書的心得筆記本，到後來都顯得相當凌亂，筆記日期常前後交錯，有時也無法追溯。不過，筆者設定給自己的工作，無論作好作壞，總是需要結束，剩下的評價如何，就留給本書的讀者了。

簡略書目

Barnes, Barry (1977) *Interests and the Growth of Knowledge* (Routledge).

Berg, Anne-Jorunn and Lie, Merete (1995) "Feminism and Constructivism: Do Artifacts Have Gender? " *ST&HV*, vol. 20, no. 3, pecial issue: Feminist and Constructivist Perspectives on New Technology, pp. 332-351.

Biagioli, Mario (1999) *The Science Studies Reader* (Routledge).

Wiebe Bijker, Tom Hughes, and Trevor Pinch eds., (1987) *The Social Construction of Technological Systems* (MIT press).

Bleier, Ruth (1986) *Feminist Approaches to Science* (Pergamon Press).

Bloor, David (1976) *Knowledge and Social Imagery* (University of Chicago Press).

Clarke, Adele (1998) *Disciplining Reproduction: Modernity, American Life Sciences, and "the Problems of Sex,"* University of California Press.

Collins, Harry & Labinger Jay (2001) *The One Culture? A conversation about science* (Chicago Univ. Press).

Cowan, Ruth Schwartz (1987) "The Consumption Junction: A Proposal for Research Strategies in the Sociology of Technology," in *The Social Construction of Technological Systems*, eds., by W. Bijker et. al.

Fedigan, Linda M. (1997) "Is Primatology a Feminist Science?"

in Hager ed., *Women in Human Evolution.*

Galison, Peter & David Stump eds., (1996) *The Disunity of Science: Boundaries, Contexts, and Power* (Stanford Univ. Press).

Grint, Keith and Woolgar, Steve (1995) "On Some Failures of Nerve in Constructivist and Feminist Analyses of Technology" *ST&HV*, vol. 20, no. 3, pp. 286-310.

Goodeve, Thyrza Nichols (1998) *How Like a Leaf –An Interview with D. Haraway* (Routledge).

Gould, Steven J. (1983) "What happens to Bodies if Genes act for themsleves?," in *Hens's Teeth and Horse's Toes* (Norton)

—— (1987) "Freudian Slips," *Natural History* April: 15-21.

Hager, L. ed., (1997) *Women in Human Evolution* (Routledge).

Haraway, Donna (1985) "Manifesto for Cyborgs: Science, Technology, and Socialist Feminism in the 1980s." *Socialist Review* 80: 65-108. [included in Haraway (1991)].

—— (1988) "Situated Knowledges" *Feminist Studies* 14 (3): 575-99, later included in Haraway's (1991).

—— (1988) *Primate Visions: Gender, Race, and Nature in the World of Modern Science*, (Routledge).

—— (1991) *Simians, Cyborgs, and Women* (Free Association Books).

—— (1992) "The Promises of Monsters," later included in *The Haraway Reader* (2003).

—— (1994) "A Game of Cat's Cradle: Science Studies, Feminist Theory, Cultural Studies", *Configurations* 2.1: 59-71.

—— (1997) *Modest_Witness@Second_Millennium.FemaleMan©_ Meets_OncoMouse™*, (Routledge).

Haraway's interview in 4S New Orlean (2019) by Yesmar Oyarzun and Aadita Chaudhury. Also another much earlier interview of Haraway below: Penley C. & Ross A. *Social Text*, No.25/26, pp. 8-23. (1990).

Harding, Sandra (1986) *The Science Question in Feminism* (Cornell University Press).

—— (1991) *Whose Science? Whose Knowledge?: Thinking from Women's Lives* (Open University Praess).

—— (1998) *Is Science Multicultural? Postcolonismisms, Feminisms, and Epistemo-logies* (Indiana Univ. Press).

Hart, Roger (1996) "The Flight from Reason: *Higher Superstition* and the Refutation of Science Studies" in Ross ed. (1996), pp. 259-292.

Hess, David (1997) *Science Studies: An Advanced Introduction* (NY University Press).

Hrdy, Sarah B. (1981) *The Woman that Never Evolved* (Harvard Press).

—— (1997) Raising Darwin's Consciousness, *Human Nature*, Vol. 8, No. 1, pp. 1-49.

Keller, Evelyn Fox (1983) *A Feeling for the Organism* (San Francisco: Freeman).

—— (1988) "Feminist Perspective on Science Studies", *Sci. Tech. & Hum. Values*, vol. 13: 235-249.

—— (1995) "The Origin, History, Politics of the Subject Called 'Gender and Science': A First Person Account," in *Handbook of Science and Technology Studies*, ed. S. Jasanoff et. al. (Sage).

Kline, R. & Pinch, T. (1996) "Users as agent of technological change: the social construction of the automobile in the rural United States." *Technology and Culture*, 37, no. 4: 763-795.

Latour, Bruno (1987) *Science in Action* (Harvard)（簡稱 SIA）.

—— (1990) "Postmodern? No, Simply Amodern! Steps towards an Anthropology of Science." *Stud. Hist. Phil. Sci,* vol. 21, no. 1: 145-171.

—— (1999) *Pandora's Hope: Essays on the Reality of Science Studies* (Harvard).

—— and Woolgar Steve (1979) *Laboratory Life: The Social Construction of Scientific Facts* (Princeton Univ. Press).

Law, John ed. (1991) *A Sociology of Monsters: Essays on Power, Technology, and Domination*. London and New York: Loutledge.

—— (1991a) "Introductions: Monsters, Machines, and Sociotechnical Relations" in Law ed. (1991), pp. 1-25.

Martin, Emily. (1998) "Anthropology and the Cultural Study of Science," *Science, Technology & Human Values*, vol. 23, no. 1: 24-44. [from a keynote in 1994 4S].

Oudshoorn, Nelly & Pinch, Trevor (2003) *How Users Matter: the Co-construction of Users and Technology* (MIT).

Pickering, Andrew. ed. (1992) *Science as Practice and Culture* (Chicago).

Potter, Elizabeth (2001) *Gender and Boyle's Law of Gases* (Indiana).

Rose, Andrew ed., (1996) *Science Wars* (Duke University Press).

Rose, Hilary (1996) "My Enemy's Enemy Is–Only Perhaps–My Friend," in Ross ed. (1996), pp. 80-101.

Russ, Joanna (1975) *The Female Man* (Beacon Press).

Shapin, Steve (1988) "A Review Essay on Latour's *Science in Action*" in *Social Studies of Science*, Vol. 18, No. 3: 533-550.

—— (1994) *A Social History of Truth* (Chicago).

—— (1995) "Here and Everywhere: Sociology of Scientific Knowledge" *Annual Review of Sociology*, Vol. 21: 289-321.

Shapin, Steve & Schaffer, Simon 2011. "Up for Air: *Leviathan and the Air-Pump* A Generation On." In *Leviathan and the Air-Pump*. Princeton: Princeton Univ. Press, pp. xi-l. [Introduction to the 2011 Edition].

Small, Meredith F. (1993) *Female Choices: Sexual Behavior of Female Primates* (Cornell Univ. Press).

Star, Susan Leigh (1991) "Power, technology, and phenomenology of conventions: on being allergic to onions", in Law ed. (1991).

Star, Susan Leigh and Griesemer, James, (1989), "Institutional Ecology, 'Translations' and Coherence: Amateurs and Professionals in Berkeley's Museum of Vertebrate Zoology, 1907-1939," *Social Studies of Science,* 19: 387-420.

Traweek, Sharon. (1988) *Beamtimes and Lifetimes: The World of High Energy Physicists*. Cambridge: Harvard Univ. Press.

—— (1992) "Border Crossings." In Pickering ed. (1992), pp. 390-428.

Wajcman, Judy (1991) *Feminism Confronts Technology* (Penn State Univ.).

Whelan, Emma (2001) "Politics by Other Means: Feminism and Mainstream Science Studies," *The Canadian Journal of Sociology / Cahiers canadiens de sociologie,* Vol. 26, No. 4 (Autumn, 2001), pp. 535-581.

Woolgar, Steve (1995) "Introduction to Special Issue" *Science, Technology, & Human Values*, Vol. 20, No. 3, Special Issue: Feminist and Constructivist Perspectives on New Technology (Summer, 1995), pp. 283-285.

Zihlman, Adrienne (1997) "The Paleolithic Glass Ceiling: Women in Human Evolution", in L. Hager ed., *Women in Human Evolution*, pp.91-113.

王秀雲（2004）「性別與科學」專題策劃編輯，《婦研縱

橫》第七十期，台大婦女研究室。

成令方、吳嘉苓（2005）「科技的性別政治 —— 理論和研究的回顧」《科技、醫療與社會》，第三期，pp. 51-112。

范瑞鑫（2019）《科學知識社會學與行動者網絡理論兩次爭議之研究》，陽明大學 STS 所碩士論文。

張君玫（2016）《後殖民的賽伯格：哈洛威和史碧華克的批判書寫》（群學）。

陳信行（2002）〈科學戰爭中的迷信、騙局、誤解與爭辯〉，《台灣社會研究》，第四十五期，pp. 173-207。

陳瑞麟（2005）〈科學的戰爭與和平〉，《歐美研究》，第三十五卷，第一期，pp. 141-223。

傅大為（1999）〈融會在玉米田裡的「非男性」科學 —— 關於「女性科學」的哲學論爭與新發展〉，《歐美研究》，第二十九卷第二期，pp. 1-40。

——（2005）《亞細亞的新身體：性別、醫療、與近代台灣》（群學）。

——（2019）《STS 的緣起與多重建構：橫看近代科學的一種編織與打造》（台大出版中心）。

傅大為、王秀雲 (1996)〈台灣女性科學家的九〇年代風貌 —— 試析『科學／女性／社會脈絡』諸相關領域〉《台灣社會研究季刊》二十二期，pp. 1-58。

黃淑玲、游美惠主編（2007）《性別向度與台灣社會》（巨流）。

蓋洛提（2004）[Karin Garrety 1997]〈社會世界、行動者網絡與爭議〉，方俊育譯，《科技渴望社會》第八章及最後三節的重譯。

蔡麗玲編著（2020）《性別化創新：作為科技性別主流化新技術》，巨流。

甯應斌（1998）〈Harding 的女性主義立場論〉，《哲學論文集》，中研院社科所，pp. 261-296。

中英文對照與索引

（以名稱出現超過一次者為準）

知識叢書 1127

介入與回應
女性主義科技研究與 STS 的一段關鍵歷史

作者	傅大為
「人文新猷」書系主編	黃冠閔、李育霖
主編	王育涵
校對	陳樂桿
責任企畫	郭靜羽
封面設計	江孟達工作室
內頁排版	張靜怡
總編輯	胡金倫
董事長	趙政岷
出版者	時報文化出版企業股份有限公司
	108019 臺北市和平西路三段 240 號 7 樓
	發行專線｜ 02-2306-6842
	讀者服務專線｜ 0800-231-705 ｜ 02-2304-7103
	讀者服務傳真｜ 02-2302-7844
	郵撥｜ 1934-4724 時報文化出版公司
	信箱｜ 10899 臺北華江橋郵政第 99 信箱
時報悅讀網	www.readingtimes.com.tw
人文科學線臉書	http://www.facebook.com/humanities.science
法律顧問	理律法律事務所｜陳長文律師、李念祖律師
印刷	家佑印刷有限公司
初版一刷	2022 年 11 月 25 日
定價	新臺幣 350 元

時報文化出版公司成立於一九七五年，並於一九九九年股票上櫃公開發行，於二〇〇八年脫離中時集團非屬旺中，以「尊重智慧與創意的文化事業」為信念。

ISBN 978-626-353-151-2 ｜ Printed in Taiwan

介入與回應：女性主義科技研究與 STS 的一段關鍵歷史／傅大為著 .
-- 初版 . -- 臺北市：時報文化出版企業股份有限公司，2022.11
208 面；13×21 公分 . ｜ ISBN 978-626-353-151-2（平裝）
1. CST：女性主義 2. CST：科技社會學 3. CST：科學哲學 ｜ 544.52 ｜ 111017802